Annemarie Pfeifer

Entspannt Mutter sein

Über die Autorin

Annemarie Pfeifer ist verheiratet, Mutter von drei Söhnen und hat drei Enkelkinder. Sie lebt in Riehen bei Basel und arbeitet seit vielen Jahren teilzeitlich als Therapeutin in der Ambulanz einer psychiatrischen Klinik. Daneben ist sie Mitglied des Großen Rats (Parlament) von Basel-Stadt, wo sie 8 Jahre in der Bildungskommission tätig war. Somit beschäftigt sie sich an vorderster Front mit Bildungs- und Gesellschaftsfragen. Zusätzlich ist sie in ihrer Wohngemeinde Mitglied des Gemeinderats (Exekutive) und in der Gesundheits- und Sozialkommission aktiv. Außerdem schrieb sie 25 Jahre lang die Ratgeberkolumne einer christlichen Zeitschrift.

ANNEMARIE PFEIFER

Entspannt Mutter sein

Gelassener mit den Anforderungen des Alltags
und den eigenen Ansprüchen umgehen

Inhalt

Vorwort

Vor drei Jahren tauchte ich als Großmutter ganz unerwartet erneut in die Sorgen junger Mütter ein. Jede Woche begleitete ich meinen kleinen Enkel Noah ins Mutter-Kind-Turnen. Die Leiterin war zuerst etwas irritiert: Würde eine Oma in ihr Programm passen? Die jungen Frauen nahmen mich aber freundlich in ihren Kreis auf, und so diskutierten wir beim Umziehen in der Garderobe über all die aktuellen Themen: weinende Kinder mitten in der Nacht, Ärger mit dem Anziehen vor dem Turnen, Schwierigkeiten mit dem Essen, Wutanfälle und Machtkämpfe und, und, und. Eines Morgens erzählte eine Mutter halb belustigt, halb verärgert, dass ihr Kind im ganzen Badezimmer eine Tube mit fettiger Salbe verschmiert habe. Dies alles hörte sich für mich sehr vertraut an, wenngleich ich nicht mehr mittendrin steckte.

Auch in meiner Arbeit als psychologische Beraterin habe ich hin und wieder mit Müttern zu tun. In den Gesprächen mit ihnen fällt mir immer wieder auf, dass sie heute vor größeren Herausforderungen stehen als ich damals mit meinen drei Rackern. Während ich damals wie fast alle Mütter als Vollzeitmutter in Ruhe für meine kleinen Kinder da sein konnte, stehen die Mütter von heute von allen Seiten unter Druck. Sie sollen rundum perfekt sein: als liebevolle Mutter für die Kinder sorgen und sie zu Topschülern trainieren, gleichzeitig erfolgreich einen Beruf ausüben und daneben noch die attraktive Partnerin des Ehemannes sein. Selbstverständlich soll frau auch noch in der Kirchgemeinde und anderswo ehrenamtlich mitarbeiten. Wer ist schon dieser Mammutaufgabe gewachsen?

Minderwertigkeits- oder Schuldgefühle, Stress oder gar Burnout sind nicht selten die negativen Folgen dieser überhöhten Anforderungen. So erstaunte es mich nicht, dass mich hin und wieder Frauen nach meinem nun vergriffenen Buch „Mütter sind nicht immer schuld" fragten. Immer wieder wurde bedauert, dass es kaum ein Buch gebe, das sich so ehrlich und ermutigend mit dem Thema „Muttersein" beschäftige. Und so sprang schließlich der Funke auf mich über, und ich vertiefte mich noch einmal in die Themen, die Mütter heutzutage beschäftigen. Begleitet wurde ich dabei von drei Frauen – Katrin Amstutz, Barbara Graham und Eva-Sofia Hersberger –, die mit ihren Kindern im Alter zwischen zwei und zwanzig Jahren mitten im Familienleben stehen. Sie gaben mir Einblick in ihren turbulenten Alltag und bearbeiteten kritisch meinen Text. Ihnen ist es zu verdanken, dass das vorliegende Buch die heutige Realität der Mütter widerspiegelt. Mein großer Dank geht an sie, weil sie sich neben ihren Kindern und der beruflichen Arbeit Zeit für mein Projekt genommen und mir wichtige Anregungen gegeben haben.

So ist aus dem alten Manuskript ein weitgehend neues Buch entstanden. Es soll verschiedene Aspekte des Mutterseins aufzeigen, ein realistisches Familienbild malen und vor allem all die engagierten Mütter entlasten. Mütter müssen nicht perfekt sein und alles können! Im Gegenteil: Ihre Kinder werden Sie mit Ihren Ecken und Kanten lieben. Also dürfen Sie entspannt Mutter sein.

Riehen, im Herbst 2017
Annemarie Pfeifer

1.

Eigentlich sollte ich glücklich sein

M ami, was schreibst du da?", fragte mich mein damals 13-jäh-
riger Sohn und blätterte neugierig durch die losen Blätter
meines Manuskriptes.

„Ein Buch", antwortete ich kurz angebunden, denn ich wollte
mich nicht unterbrechen lassen. Aber er ließ sich nicht abwimmeln.

„Wie soll es heißen?", fasste er hartnäckig nach.

Nun hatte ich den Faden sowieso verloren und wandte mich ihm
zu. „Ich plane den Titel ‚Mütter sind nicht immer schuld!'", erklärte
ich ihm.

„Aaah", meinte er gedehnt mit einem schelmischen Augenzwin-
kern, „aber fast immer!"

Bestimmt wusste er nicht, dass er mit diesen drei Worten treff-
sicher eine „Mutterkrankheit" diagnostiziert hatte. Wann immer es
mit einem Kind Schwierigkeiten gibt, mahnt die Gewissensstimme
mit ihrem unsichtbaren Zeigefinger: „Du bist verantwortlich für das
Wohl deiner Kinder!" „Du solltest es besser machen!" „Du hast ver-
sagt!" „Du bist schuld!"

Wie aber ist es nur zu diesem selbstzerfleischenden Reflex gekommen? Es sind doch die Mütter, die sich rastlos und selbstlos um

ihren Nachwuchs kümmern. Wenn jemand keine Schuldgefühle haben müsste, dann sind es auf jeden Fall sie!

Die letzten Jahrzehnte haben den Frauen viel gebracht: Sie sind gut ausgebildet, selbstständig und selbstbewusst. Sie wagen es, ihre Meinung zu äußern und ihr Leben zu gestalten. Eigentlich könnte die Frau von heute Schuldgefühle abhaken, denn sie weiß, was sie will und was sie tut.

Doch das Gegenteil scheint der Fall zu sein. Die Internetplattform *Spiegel online*[1] berichtete letzthin über eine Studie, bei der Eltern offen über ihre Empfindungen berichten. Dabei gingen sie hart mit sich selbst ins Gericht. So erklärten drei Viertel der befragten Frauen, dass sie häufig oder gelegentlich mit sich als Mutter unzufrieden sind und dass sie sehr hohe Ansprüche und Anforderungen an sich selbst stellen. Demnach haben sich Schuldgefühle und Selbstkritik leider nicht wie Nebel in der Herbstsonne aufgelöst, sondern lauern täglich im Familienleben, belasten die Beziehungen und nagen am Selbstwertgefühl.

Was habe ich nur falsch gemacht?

Wenn ich mich mit Müttern unterhalte, beschreiben sie mir ganz unterschiedliche Situationen, die bei ihnen Schuldgefühle auslösen:

Sabina wurde durch einen energischen Telefonanruf einer Lehrerin alarmiert, in dem sie darüber informiert wurde, dass ihre 14-jährige Tochter immer häufiger die Schule schwänzen würde. Als berufstätige Mutter hatte sie davon nichts mitbekommen. Deshalb stellte sie sich sofort die Frage: „Kümmere ich mich zu wenig um sie?"

Annas Baby hat leider vor allem nachts seine „Schreistunde". „Wenn mich die Nachbarn dann vorwurfsvoll anschauen, fühle ich mich

---

1 Spiegel online, 12.01.2015.

unfähig. Anscheinend bin ich nicht in der Lage, mein Kind zu beruhigen", berichtete sie mir.

Und Sophie erzählte mir von ihrer hyperaktiven Tochter: „Im Gespräch mit der Lehrerin und dem Schulpsychologen kam ich mir vor wie in einer Gerichtsverhandlung. Plötzlich sprachen sie nicht mehr von meiner Tochter, sondern fragten nach unserer Ehe und meinen Lebensgewohnheiten. Die suchen den Grund für ihr Problem bei mir, wurde mir plötzlich klar."

Schuldzuweisungen durch Fachleute sind für Mütter besonders verheerend. Doch leider passiert dies gar nicht so selten. In einem bewegenden Artikel wies die bekannte Zeitschrift *Psychologie heute* schon vor Jahren auf das Thema des sogenannten *Mother-Blamings* hin. Unter der Überschrift *„Ich bin doch nur Mutter"* beschrieb die Autorin, wie die tiefenpsychologische Forschung über Jahrzehnte hinweg die Mütter als Ursache kindlicher Störungen beschrieben habe. Diese Lehrmeinung hat sie treffend in die folgenden Worte gefasst: „Was Mütter auch tun und lassen – sie scheinen auf alle Fälle alles falsch zu machen. Die Gesellschaft und auch die Psychologie haben mit Schuldzuweisungen niemals gegeizt. Sie haben die überbehütende Mutter, die vernachlässigende Mutter, die schizophrenogene Mutter ausgemacht, die immer schuldig ist, wenn es mit dem Nachwuchs Schwierigkeiten gibt."[2]

Dieser Schatten psychologischer Aufklärung schwebt noch immer über uns Müttern. Zu Unrecht, wie wir später sehen werden.

Es ist absurd – Mütter fühlen sich viel zu oft schuldig, obwohl sie keinerlei Schuld auf sich geladen haben. Eine Freundin schilderte mir einmal eine dafür typische Situation:

---

2 Haug, G., Ich bin doch nur Mutter. Psychologie heute, November 1992.

„Den ganzen Abend waren meine beiden Teenies zickig. Beim Abendessen beschwerten sie sich über den ‚schlechten Fraß‘, dann stritten sie unablässig, schließlich verlangte meine Tochter gegen neun Uhr von mir, dass ich so spät noch mit ihr für einen Test lernen solle, den sie bis dahin vergessen hatte. Als ich mich weigerte, beschwerte sie sich ungehalten, ich interessiere mich nicht für sie und kritisiere sie die ganze Zeit. Da ist mir der Kragen geplatzt, und ich habe wohl etwas laut ausgedrückt, dass ich nicht der Trottel der Familie sei, auf den alle einschlagen dürfen. Daraufhin wurde es still“, fuhr sie fort, „und alle schauten mich vorwurfsvoll an. Unglaublich, aber wahr: zuletzt war ich die Einzige, die sich schuldig fühlte! So kann es nicht weitergehen.“

Bestimmt haben Sie auch schon genau dasselbe empfunden. Sie fühlten sich schuldig, obwohl es Ihre Kinder waren, die sich problematisch verhalten haben. Normalerweise muss man nur für sein eigenes Verhalten geradestehen, doch Kinder sind Meister darin, ihre Mutter mit Vorwürfen zu beeinflussen. Und wenn dann auch noch Tränen fließen, mag man erst recht nicht in die Rolle der hartherzigen Mutter schlüpfen, die ihrem armen Kind nie etwas gönnt. Wenn anscheinend alle Kinder schon mit acht Jahren ein Smartphone besitzen, kann ich dies meinem Kind nicht verweigern. Und wenn alle Jugendlichen (den Aussagen meiner Tochter zufolge) jederzeit und ohne Zeitlimit ausgehen dürfen, kann man nicht so altmodisch sein und diesen Spaß einschränken.

Schuld und Schuldgefühle sind zwei unterschiedliche Empfindungen. Schuld ist die Folge einer falschen Handlung, der man sich stellen und die man bereinigen muss. Schulgefühle hingegen sind ein psychologischer Spannungszustand, der dann eintritt, wenn man die eigenen Ideale oder die Erwartungen anderer nicht erfüllt. Wenn man unter Schuldgefühlen leidet, bedeutet es nicht, dass man auch tatsächlich schuldig ist! Vielleicht haben Sie die eigenen Erwartungen an sich zu hoch gesteckt oder die anderen fordern Unmögliches von Ihnen. Wir werden später sehen, wie befreiend es ist, wenn man sich nicht von ungerechtfertigten Vorwürfen und Selbstvorwürfen niederdrücken lässt.

Wie schuldig fühlt frau sich aber nun wirklich? Im Rahmen einer Umfrage unter 70 Müttern habe ich untersucht, wie sehr Mütter sich für das Verhalten ihrer Sprösslinge verantwortlich fühlen. Die Auswertung war ernüchternd. Nur eine Mutter war völlig frei von Schuldgefühlen – allerdings war ihr Kind erst drei Monate alt und ein pflegeleichtes Baby! Alle anderen fühlten sich mehr oder weniger schuldig und verantwortlich für die Fehler ihrer Kids. Das ist ungesund für alle Beteiligten! Wir werden später aufzeigen, wie Kinder zur Selbstverantwortung geführt werden können.

Und wenn es Sie interessiert, wie hoch Ihr persönlicher Schuldgefühlindex ausfällt, können Sie dies mit dem folgenden Fragebogen leicht feststellen. Die aufgeführten 20 Situationen können so bewertet werden: sehr schuldig = 3 Punkte, mittel = 2 Punkte, etwas schuldig = 1 Punkt und gar nicht schuldig = 0 Punkte. Kreuzen Sie aber nur jene Bereiche an, die auf Ihre Kinder zutreffen. Ihr persönlicher „Schuldgefühlindex" wird dann dadurch errechnet, dass Sie zuletzt alle Punkte zusammenzählen und die Summe durch die Anzahl der bewerteten Situationen teilen.

Test zur Selbsteinschätzung von Schuldgefühlen

Situation	Schuldgefühle			
Mein Kind ...	stark	mittel	wenig	keine
1. schreit im Supermarkt				
2. erbringt schlechte Schulleistungen				
3. ist unhöflich				

Situation	Schuldgefühle			
Mein Kind ...	stark	mittel	wenig	keine
4. schlägt andere Kinder				
5. ist unehrlich				
6. ist ungehorsam in Gegenwart anderer				
7. hat Schlafstörungen				
8. ist zurückgezogen				
9. hat Angstzustände				
10. ist trotzig				
11. übertritt das Gesetz				
12. ist aggressiv				
13. ist Bettnässer/in				
14. ist faul und unordentlich				
15. wendet sich vom Elternhaus ab				
16. macht mir Vorwürfe				
17. hat schlechte Freunde				
18. braucht Therapie				
19. ist egoistisch				
20. ist behindert				

Mütter sind VIPs

Kinder sehen ihre Eltern viel positiver, als sich diese selbst einschätzen. Der Spruch: „Mama ist die Beste" stimmt auch heute noch für die große Mehrheit unserer Kinder. Dies zeigen die Antworten von Sechs- bis Zwölfjährigen, die im Rahmen einer Studie befragt wurden: Ihr zufolge halten rund 90 Prozent der Kinder ihre Eltern für die besten der Welt. 91 Prozent fühlen sich bei ihnen „immer sehr sicher und wohl". Und 90 Prozent wissen: „Meine Eltern lieben mich so, wie ich bin." Zumindest für Ihre Kinder gehören Sie Ihr ganzes Leben lang zu den VIPs: zu den wichtigsten Menschen.

In den Teenagerjahren sinkt dann die Begeisterung für die Eltern für eine kurze Zeit. Als ich noch mitten im Trubel des Familienlebens steckte, meinte eine ältere Freundin weise zu mir: „Mit 5 Jahren empfindet das Kind die Mutter als Zentrum des Universums. Mit 15 Jahren findet der Teenie, dass Mama mit ihrer Meinung total danebenliegt. Mit 25 gesteht der junge Erwachsene ein, dass Mama doch hin und wieder recht haben könnte, und mit 35 erzieht der junge Vater/die junge Mutter die eigenen Kinder genauso, wie sie selbst erzogen wurden." Damals hatte ich für diese Weisheit nur ein müdes Lächeln übrig. Denn wer will schon 20 Jahre lang warten, bis sich der Erziehungserfolg einstellt? Doch wie keine andere Aufgabe im Leben fordert das Begleiten von Kindern von uns alles, was wir haben.

Ja, Mütter leisten Erstaunliches: Schon als junge Lehrerin staunte ich immer wieder über die enge Beziehung zwischen Mutter und Kind. Damals betreute ich Kinder, die ich gleich vom ersten Augenblick an in mein Herz schloss. Aber dann gab es auch die anderen: die nervösen, lauten, ungeschickten, bei denen immer etwas schiefging. Oftmals musste ich mir alle Mühe geben, gerade diese Kinder anzunehmen. Doch ihre Mütter kämpften in der Regel wie Löwinnen für das Wohlergehen ihrer Lieblinge, ob sie nun pflegeleicht oder herausfordernd waren. Auch in meiner heutigen Arbeit als psychologische Beraterin begegne ich immer wieder Eltern, die für den Umgang mit ihren Kindern einen Nobelpreis verdient hätten, denn sie stehen trotz Ärger und nervlicher Anspannung beständig zu ihrem Problemkind.

Mutterliebe (und natürlich auch Vaterliebe) ist letztlich ein Geheimnis, das alles logische Verstehen übersteigt. Und so begegne ich immer wieder Müttern, die ihre Kinder begleiten, tragen und auch ertragen, für sie glauben, hoffen und beten. Lehrerinnen und Jugendleiter, Freunde und Kolleginnen begleiten ein Kind nur während eines Lebensabschnitts. Mutter bleiben Sie bis zu Ihrem letzten Atemzug.

Im Land der (beinahe) unbegrenzten Möglichkeiten

Vor Kurzem sprach mich eine jüngere Frau bei einem Empfang spontan an: „Kennen Sie mich noch? Dank Ihnen habe ich heute drei Kinder und bin dankbar für jedes einzelne."

In der Tat war sie mir in guter Erinnerung geblieben, war sie doch die erste Frau, die bei mir mithilfe einer Beratung herausfinden wollte, ob sie sich dem Wagnis der Mutterschaft überhaupt stellen sollte. Gemeinsam mit ihrem Mann hatte sie sich ihr Leben bequem eingerichtet: doppeltes Einkommen, herausfordernder Beruf, spannende Reisen weltweit. Sollte sie all das aufgeben für den täglichen Kleinkram mit Kindern? Der Verzicht auf diese Annehmlichkeiten erschien ihr damals nicht wirklich attraktiv.

Eine andere Mutter von zwei Kindern erzählte mir, dass sie die Kurve zum Kinderkriegen mit 35 Jahren gerade noch gekriegt habe. Sie hatte ebenfalls lange Zeit kein Verlangen nach Nachwuchs verspürt, denn ihr Beruf schenkte ihr genügend Befriedigung. Heute kann sie sich ein Leben ohne Kinder nicht mehr vorstellen.

Heutzutage nehmen wir es als selbstverständlich hin, dass Frauen frei über ihren Kinderwunsch bestimmen können. Doch erst seit rund 100 Jahren bewegen sich Frauen vermehrt in der Welt außerhalb ihres Heims. Noch für unsere Urgroßmütter waren die Lebensaufgaben klar vorgezeichnet und möglicherweise sogar einfacher als jetzt: Heirat, Arbeit in Haus und Hof, Kinder aufziehen, Enkelkinder hüten. In der „guten alten Zeit" empfahl eine Familienzeitschrift im Jahre 1884 ihren Leserinnen: „Sei ganz Weib! Die Sorge für deine Kinder, die kleinen Dinge der Haushaltung, die süße Unruhe der Mutterschaft sind deine Arbeiten." In derselben Zeitschrift konnte man 1952 jedoch ganz andere Dinge lesen: „Der Typ der modernen

Frau ist rasch im Denken, geistig beweglich und anpassend im Fühlen und steht an physischer und intellektueller Elastizität weit über den Frauen früherer Zeiten."

Was ist nur in den letzten 150 Jahren passiert? Das Leben unserer Vorfahrinnen wurde schrittweise umgekrempelt. Und vier dieser grundlegenden gesellschaftlichen Änderungen prägen auch heute noch entscheidend unser Leben.

Wirtschaftliche Unabhängigkeit

Durch die Industrialisierung entstand auch für Frauen die Möglichkeit wirtschaftlicher Unabhängigkeit. Plötzlich konnte man den Lebensunterhalt außerhalb des engen Familienverbandes verdienen. Dies eröffnete neue Horizonte: Unabhängigkeit, Freiheit, Ausbrechen aus überlieferten Lebensformen. Nun war es auch alleinstehenden Frauen möglich, sich ein eigenständiges Leben aufzubauen. Die Mutter von heute lebt nicht mehr ausschließlich und in jeder Lebensphase aus dem Geldbeutel ihres Mannes, sondern steuert ihren Beitrag zum Einkommen bei. Dies stärkt den Selbstwert und die Selbstbestimmung.

Zugang zur Bildung

„Wissen ist Macht", dies müssen heutzutage manche Menschen bitter erleben. Welche Chancen hat man schon ohne gute Ausbildung? Für Frauen sind die Möglichkeiten dazu noch nicht so alt. Erst vor rund 150 Jahren erstritten sich Frauen den Zutritt zu den Universitäten – damals zum Entsetzen vieler. Die ersten Studentinnen wurden angefeindet, als unweiblich und machthungrig verunglimpft und als Gefahr für die seit Jahrhunderten herrschende Gesellschaftsordnung abgestempelt. Durch ihren unerschrockenen Einsatz ebneten sie den Weg für all die modernen jungen Frauen, für die heute eine gute Ausbildung eine Selbstverständlichkeit ist.

Unterstützung durch den Sozialstaat

Die staatliche Einführung von Sozialversicherungen brachte Müttern mehr Freiheiten. Dank der Sozialhilfe/Hartz IV müssen Mütter nicht mehr bei unerträglichen oder gewaltbereiten Ehemännern ausharren. Nach einer Scheidung landen sie nicht mehr in Schande im Armenhaus oder wieder in der Abhängigkeit des Elternhauses, sondern können sich, falls notwendig, mit staatlichen Beiträgen über Wasser halten. Und letztlich ermöglicht die Altersvorsorge alleinstehenden Frauen, ihren Lebensabend in Würde und Unabhängigkeit zu verbringen.

Familienplanung

Schließlich führte die Empfängnisverhütung mit der Erfindung der *Pille* in den 60er-Jahren des letzten Jahrhunderts zum sogenannten *Pillenknick*. Früher war man zur Mutterschaft berufen oder gar verurteilt. Zahlreiche Schwangerschaften zehrten an den Kräften der Mütter und führten allzu oft bei mageren finanziellen Verhältnissen zur Vernachlässigung von Kindern. Die Frauen hatten keine Wahl und waren den natürlichen Gegebenheiten der Fruchtbarkeit hilflos ausgeliefert.

Meine Mutter hat dies noch eindrücklich erlebt. Pünktlich neun Monate nach der Hochzeit wiegte sie ihren ersten Sohn im Arm und dann folgten im Jahrestakt zwei Töchter. Als ich ein Jahr darauf als Nummer vier zur Welt kam, wurde meiner Mutter klar, dass es so nicht weitergehen konnte. Deshalb ging sie zum Pfarrer und nicht etwa zum Arzt und bat um einen seelsorgerlichen Rat. Tatsächlich hielt sich der Kindersegen dann in Grenzen: Kind Nummer fünf meldete sich erst zwei Jahre später und im Abstand von drei und nachher vier Jahren war unser Siebnerteam perfekt. Viel später fanden wir beim Spielen im Nachttisch meines Vaters so eigenartige längliche Dinger, die sich sogar aufblasen ließen ... Anscheinend wusste der Herr Pfarrer über die Möglichkeiten der Verhütung Bescheid.

Heute leben wir im Land der beinahe unbegrenzten Möglichkeiten. Frauen können zwischen einem traditionellen Leben mit Mann und Kind oder einer eigenständigen Entwicklung wählen, in die je nach Lust und Laune auch Mann und Kind reinpassen können. Die Einheitlichkeit der jahrhundertelang vorgegebenen Frauenbiografie ist aufgebrochen, neue Lebensformen locken. Das Land der unbegrenzten Möglichkeiten birgt aber gleichzeitig auch Herausforderungen bei der Entscheidung darüber, welchen Weg man wählen will.

Mütter im Clinch

„Mütter von heute finden sich stark gestiegenen Ansprüchen gegenüber. An sich als Mutter und an ihre Kinder und damit an die Kindererziehung", schreibt Ulrike Heidenreich in der Süddeutschen Zeitung[3] über eine groß angelegte Studie mit dem Titel *Modern Moms*. Das Forscherteam bemerkte erstaunt, dass eine „eigenartige Mischung aus altem Mythos und neuen Idealen" das Bild der Mutterschaft präge.

Viele Frauen wollen zwei Welten miteinander vereinen: die Erfüllung als hingebungsvolle Mutter *und* als erfolgreiche Karrierefrau.

„Ich will beides, Beruf und Kind, denn ich möchte nicht ganz von meinem zukünftigen Mann abhängig sein. Neben dem Kind brauche ich noch eine andere Aufgabe, die mir Freude macht", drückte einmal eine Studentin mir gegenüber ihr Lebensziel aus.

Eine junge Ärztin erzählte mir von ihrem Dilemma: „Ich liebe meinen Beruf sehr. Lange konnte ich meinen Teilzeitjob in einem

---

3   Heidenreich, U., Süddeutsche Zeitung, 20. November 2012.

Krankenhaus und meine Kinder gut unter einen Hut bringen. Anfangs arbeiteten mein Mann und ich abwechselnd oder wir wurden durch meine Eltern entlastet. Dann kamen die Probleme mit unserer Tochter: Ihre Sprachentwicklung war verzögert, im Kindergarten konnte sie sich nicht einordnen und in der Schule hatte sie dann Konzentrationsschwierigkeiten. Plötzlich schmolz meine Sicherheit dahin. Die verhaltene Kritik meiner Schwiegereltern brannte wie Nadelstiche: ‚Vielleicht hast du zu wenig Zeit für deine Kinder‘, sagten sie. Ich liebe meine Kinder, aber ich liebe auch meinen Beruf.“

Später fragte ich ihren Ehemann nach seinen Schuldgefühlen. Seine knappe Antwort lautete nur: „Schuldgefühle? Das ist doch ‚Weiberkram‘!“

Auch Vollzeitmütter schwelgen nicht nur im Mutterglück. Eine Hausfrau und Mutter von vier Kindern berichtete mir: „Meine jüngste Tochter ist sehr ängstlich und tat sich schwer, als sie in die Schule kam. Jeden Morgen weinte sie so lange, bis ich sie schließlich begleitete. Und schon wurde ich von der Lehrerin der Überbehütung verdächtigt. Da entstünden zu starke Bindungen, wenn man immer zu Hause sei, meinte sie.“

Mütter stehen ständig im Trommelfeuer der Kritik. Bleiben sie zu Hause, wirft man ihnen vor, dass sie ihre Kinder überbehüten, gehen sie aber einer Arbeit nach, verdächtigt man sie, ihre Kinder zu vernachlässigen und nur ihr eigenes Wohl zu suchen. So werden die neuen Freiheiten für viele Frauen auch zur Zerreißprobe und trüben das erwartete Mutterglück.

„Modern Moms“

Jedes Elternpaar strickt sich heute das eigene Familienmuster selbst. Das ist Vorrecht und Herausforderung zugleich. Laut der oben zitierten Studie gehen moderne Mütter ihre Aufgabe ganz unterschiedlich an:

- Manche Mütter verschreiben sich komplett der Kinder-
  erziehung und organisieren das *Projekt Kind* mit ähnlichem
  Perfektionismus wie früher ihre Karriere.
- Andere Mütter sehen die Gelassenheit als erstes Ziel in ihrer
  Lebensführung mit Kindern.
- Und wieder andere Mütter sind unzufrieden mit dem
  Brachliegen ihrer beruflichen Kenntnisse in der Zeit der
  Erziehung kleiner Kinder.
- Klassische Karrieremütter sind super organisiert, haben aber
  oft ein schlechtes Gewissen – allen gegenüber.
- Jüngere Mütter oder alleinerziehende Mütter schaffen ihren
  Alltag mithilfe der eigenen Eltern und/oder einem breiten
  Netzwerk.

Was passt für Sie? Interessanterweise können sich Kinder in all diesen unterschiedlichen Umständen gut entwickeln. Voraussetzung
dazu ist allerdings, dass das Elternpaar eine sichere und vertrauens-
volle Beziehung zum Nachwuchs aufbauen kann. Erfreulicherweise
spielen die Väter dabei heutzutage eine aktivere Erziehungsrolle. Die
Resultate der Studie lassen den Schluss zu, dass jede Familie sich in-
dividuell entfalten kann und darf.

Also alles paletti? Sie könnten doch jetzt eigentlich einfach das
für Sie beste Muttermodell ankreuzen und es ausleben. Die Wirklichkeit ist jedoch komplexer: Verschiedene Lebensumstände, die
eigene Persönlichkeit, Möglichkeiten auf dem Arbeitsmarkt, berufliche Voraussetzungen, Unterstützung bei der Kinderbetreuung beispielsweise durch die Großeltern und anderes entscheiden mit, wie
frau ihr Leben gestaltet. Und natürlich spricht auch der Herr Ge-
mahl ein Wörtchen mit. Leider machen wir Frauen uns auch gegenseitig hin und wieder das Leben schwer, indem wir uns mit anderen
vergleichen.

So schnell werten wir andere ab, weil sie ihr Leben anders führen als wir selbst. Die unterschiedlichen Lebensentwürfe können aber auch zur Verunsicherung führen, weil man nicht weiß, welchem Vorbild man folgen soll. Und Schuldgefühle folgen auf dem Fuße. Und noch ein Häppchen aus der Schmunzelecke. Die oben erwähnte Studie *Modern Moms – Lebenswelten zwischen Kindern, Karriere und Konsum* betrachtete wichtige Trends und wertete unterschiedliche Meinungsumfragen aus. Als Ergebnis kristallisierten sich verschiedene Muttertypen heraus, deren Lebensstile sich weitestgehend voneinander unterscheiden. Das Forscherteam wählte für die Kategorisierung folgende spielerisch trendigen Begriffe:[4]

- Die Pippi-Langstrumpf-Mutter ist die beste Freundin ihrer Kinder.
- Die Latte-macchiato-Mutter kauft gerne im Bio-Laden und hat einen kreativen Beruf.
- Die Mommadaddy-Mutter schafft alles ganz allein.
- Die Twen-Mom ist noch keine dreißig.
- Die Multi-Handling-Mutter kombiniert Vollzeitjob mit Kindern.
- Die Hidden-Potential-Mom hätte gerne mehr Verantwortung im Job.
- Die Re-Start-Mutter sucht nach neuen Wegen nach der Kinderzeit ihrer Sprösslinge.
- Die Yo-Mama ist total entspannt.
- Die Profi-Mama perfektioniert das Familienleben.

---

4 http://www.t-online.de/eltern/schwangerschaft/id_19671676/modern-moms-welcher-mutter-typ-sind-sie-.html, aufgerufen am 02.08.2016

Wo finden Sie sich wieder? Mutterschaft kann sehr unterschiedlich ausgeübt werden und bereichert unser Leben unendlich. Eigentlich könnte das Leben von uns Müttern so schön sein, wenn nur diese innere Unsicherheit nicht wäre. In den nächsten Kapiteln machen wir uns auf die Suche nach den Ursachen dieser inneren Spannungen und zeigen Wege auf, wie Sie die große Aufgabe der Mutterschaft selbstbewusst und gelassen angehen können.

2.

Supermütter gesucht

G esucht – ideale Mutter", titelte einmal eine Modezeitschrift in großen Lettern. Mit diesem Wettbewerb sollte das Interesse der Käuferinnen geweckt werden, und großzügige Preise winkten jenen Frauen, die der Redaktion besonders gute Mütter nennen konnten. Interessant war, welche Kriterien die Zeitschrift für diesen Wettbewerb anlegte: „Damit meinen wir jene Frauen, die ruhig, geduldig und hingebungsvoll ihre Aufgabe als Mutter erfüllen."

Ich kann mir jedoch vorstellen, dass viele Mütter tausend Gründe fanden, warum sie für diesen Preis nicht infrage kämen ... Wenn sie nur schon an die hitzigen Diskussionen am Mittagstisch dachten, waren sie sich sicher, dass diese nicht in das Bild einer guten Mutter passten. Da wäre man schnell disqualifiziert.

Noch immer ranken sich viele Vorstellungen und Erwartungen um die ideale Mutter, nicht zuletzt auch, weil heutzutage ein Kind zum Superprojekt hochstilisiert wird, das man mit großer Umsicht plant und organisiert.

Druck von allen Seiten
Doch die Realität holt die junge Mutter rasch ein – auch wenn sie noch so gut plant und organisiert. Natürlich erlebt man unendlich viele innige Momente mit seinem Kind, doch jeder Tag ist auch eine Herausforderung. Denn das Familienleben ist deutlich anspruchsvoller als ein Bürojob und manche Tage sind mit jeder Art von Pannen gepflastert. Täglich muss man erleben, dass die Kinder keine vorprogrammierten Roboter sind, die man per Fernbedienung von einer Aufgabe zur andern lotsen kann. Der Erziehungsalltag ist anstrengend: Hundertmal sagt man dasselbe und auch dann klappt es nicht immer.

Ich selbst stieg damals sehr optimistisch in den Job als Familienfrau um. Für eine erfahrene Lehrerin ist die Betreuung eines einzigen Kindes doch ein Kinderspiel, nahm ich an. Leider war aber um 15 Uhr die Arbeit nicht beendet und es gab auch keine freien Nachmittage und Wochenenden mehr. Im Gegenteil, abends stieg der Stresspegel von Stunde zu Stunde an. Sehr bald war mir klar, dass Mütter harte Knochenarbeit leisten.

Als Mutter hat man oft den Eindruck, von den vielen Erwartungen und Ansprüchen von außen regelrecht ausgepresst zu werden. Man bekommt Sätze zu hören wie diese:

„Und diesen Fraß soll ich essen?"

„Nie hast du Zeit für mich."

„Was – meine Lieblingsjeans sind immer noch nicht gewaschen?"

„Alle anderen dürfen bis zwei Uhr morgens in die Stadt, nur ich nicht, das ist gemein!"

Sind Ihnen solche Sprüche nicht auch allzu gut bekannt? Alle wollen etwas von Ihnen – und wer interessiert sich für Ihr Ergehen?

Dazu gesellen sich die Forderungen der Tiefenpsychologie, die von den Müttern Unmögliches verlangt. Nur wenn Mütter ihre Kinder zärtlich lieben und eng an sich binden, sie aber gleichzeitig nach dem exakten psychologisch erforschten Zeitplan in die Unabhängigkeit entlassen, wachsen sie nach Meinung mancher Fachleute ohne seelische Schäden zu ausgeglichenen Menschen heran. Bei einem derart anspruchsvollen Jobprofil kann man nie alles recht machen! Nicht immer sind es die Forderungen der anderen, die uns in Atem halten. Denn jeder Mensch nimmt die Erwartungen von außen durch den Filter seiner eigenen Lebenseinstellung auf. Dazu gehören Ansprüche wie:

- „Ich muss es allen recht machen."
- „Ich darf keine Fehler machen."
- „Ich muss immer verfügbar sein."

Wer nach diesen oder ähnlichen Lebensmottos lebt, wird die Aufgaben der Mutterschaft unweigerlich als schwere Bürde erleben. Oft sperren wir uns mit überhöhten Forderungen an uns selbst eigenhändig in ein Gefängnis von Minderwertigkeit und Selbstvorwürfen ein.

Glücklicherweise sind wir jedoch diesen vielen Anforderungen nicht hilflos ausgeliefert. Wir können den Druck auf uns reduzieren, indem wir unsere Ideale kritisch hinterfragen und unrealistische Erwartungen über Bord werfen.

Fünf überhöhte Ideale

Viele Vorstellungen von Schwangerschaft und Mutterschaft werden von Generation zu Generation überliefert und haben manchmal beinahe magischen Charakter. Und nicht selten erwartet man unterschwellig, dass man durch die Tatsache der Mutterschaft von einer normalen, durchschnittlichen Frau über Nacht zu einem beinahe überirdischen Wesen wird, welches seine eigenen Emotionen zu jeder Zeit kontrollieren kann und alle seine eigenen Träume und Wünsche den Erwartungen des Kindes unterordnet. Mit dem Wachstum des Bauches, den Veränderungen im Hormonhaushalt, dem Erlebnis der Geburt und dem Stillen des Säuglings sollen sich ganz neue Fähigkeiten und Charakterzüge entfalten. Die unternehmungslustige, lebensfrohe und lebhafte Frau soll sich über Nacht in das Idealbild der ruhigen, hingebungsvollen und allwissenden Mutter verwandeln. Gleichzeitig soll die Mutter weiterhin eine attraktive und interessante Partnerin sein, die Karriere macht und ihre eigenen Wünsche erfüllt. Was für ein hohes Ziel!

Ideal Nr. 1:
Gute Mütter befriedigen die Bedürfnisse ihrer Kinder
In der Tat kennt eine Mutter ihr Kind am besten. Sie hat es rund um die Uhr versorgt, ist zu allen Nachtstunden aufgestanden und hat freudig die kleinsten Entwicklungsschritte begrüßt. Sie kennt seine Gelüste und Abneigungen, seine Essgewohnheiten und Krankheiten. Eine Mutter hat tatsächlich oftmals einen sechsten Sinn. Ein Blick in die vordergründig unschuldigen Augen ihres Kindes genügt ihr, und sie weiß, wer die Scheibe im Nachbarhaus zerschlagen oder wer die Schokoladenkekse stibitzt hat. Und schon am Zuknallen der Tür erkennt sie den Seelenzustand der heimkehrenden Tochter.

Doch erahnen gute Mütter tatsächlich immer intuitiv, was ihr Kind braucht, so wie es ein Psychoanalytiker während eines Kongresses forderte?

„Ein kleines Kind verfügt nicht über die Worte, mit denen es sich mitteilen könnte. Es kann nur dadurch kommunizieren, dass es eine bestimmte emotionale Reaktion herbeiführt. Wenn dieser Affekt von der Mutter aufgegriffen und verstanden wird, kann sie das, was das Kind ihrer Meinung nach erlebt, in Worte fassen … Ist die Mutter eine Frau, die ihren emotionalen Hunger, ihre Ambivalenz, ihren Hass oder irgendeinen anderen Aspekt ihrer selbst nicht akzeptiert, wird sie nicht einfühlsam auf die Botschaften des Kindes reagieren, und das Kind wird sich missverstanden und alleingelassen fühlen."[5] Kinder brauchen also nach Meinung dieser Fachleute das absolute Verständnis durch ihre Mutter, welche mit sich und der Welt vollkommen im Reinen ist. Wer ist das schon? Wer hat nicht manchmal dunkle Stunden, in denen man das schreiende Baby am liebsten abgeben würde? Doch wenn eine Mutter nicht dauernd ein positives Gefühl zum Kind aufrechterhalten kann, muss sie laut diesem Psychologen fürchten, dass ihr Kind Schaden nehmen könnte. Sie sollte in der kindlichen Seele lesen wie in einem offenen Buch und wissen, was es nötig hat – denn gute Mütter kennen ihre Kinder durch und durch.

Ideal Nr. 2:
Gute Mütter leben nur für ihre Kinder
Kinder brauchen ihre Mutter, daran zweifelt wohl niemand. 24 Stunden am Tag, 365 Tage im Jahr benötigen sie Fürsorge und Aufmerksamkeit, besonders, wenn sie klein sind. Doch sind Mütter das Schicksal ihrer Kinder, wie das die Lehren der Tiefenpsychologie behaupten?

„Wir fangen eben erst an zu verstehen, wie absolut nötig die Mutterliebe für das Neugeborene ist. Die körperliche Gesundheit des Erwachsenen wird in der Kindheit begründet, aber die seelische Gesundheit des Menschen bewirkt die Mutter in den ersten Wochen und Monaten des Lebens … Das Vergnügen, das man bei dem unsauberen Geschäft der Säuglingspflege empfinden kann, ist auch für das Kind von lebenswichtiger Bedeutung."[6]

---

5 Chyes, M., zitiert in Swigart, J.: Von wegen Rabenmutter … Die harte Realität der Mutterliebe, Knaur, München 1993.
6 Winnicott, D., Kind, Familie, Umwelt, Ernst Reinhard Verlag, München und Basel 1976.

So etwas konnte wohl nur ein Mann schreiben, der noch nie ein Baby gewickelt hat! Welche Mutter (oder welcher Vater) hat in den ersten anstrengenden Wochen nach der Geburt immer voller Freude diese „unsauberen Geschäfte" erledigt? Hat ihr Kind nun deshalb Schaden gelitten?

David Winnicott, ein angesehener Psychologe, schrieb die oben zitierten Worte in einer wissenschaftlichen Abhandlung in den 1970er Jahren. Sie stehen stellvertretend für das Dilemma, das die damals neuen Lehren der Tiefenpsychologie auslösten und das bis heute seine Wirkung entfaltet: Die Mutterliebe wird als prägende Erfahrung für ein Kind beschrieben – das ist gut so. Doch diese richtige Feststellung kann übersteigert werden und Mütter auch heute noch stark verunsichern. Anscheinend wird Mama zur Gefahr für das Kind, falls sie sich ihm zu wenig zuwendet oder auch mal negative Gefühle ihm gegenüber entwickelt. Diese unterschwellige Drohung treibt viele Mütter zu Höchstleistungen. Sie gönnen sich kaum eine Verschnaufpause und sind allzeit abrufbereit. Das Kind wird beispielsweise jahrelang im Ehebett einquartiert, damit es ja keine Verlassenheitsgefühle entwickelt. Selbstverständlich hat sich die Mutter damit abzufinden, dass sie über Jahre an Schlafentzug leidet und das Paar dadurch auf intimes Zusammensein verzichten muss.

Darf eine Mutter neben ihrem Kleinkind noch anderen Interessen nachgehen? Wohl kaum – denn das Kind könnte dadurch Schaden nehmen.

Ideal Nr. 3:
Gute Mütter haben erfolgreiche und gesunde Kinder
„Unsere Kinder sollen es einmal besser haben als wir." Das wünschen sich die meisten Eltern. Doch leise schwingt oft auch die Vorstellung mit, dass die Kinder es einmal besser *machen* sollen. Heute

stellt man sehr hohe Anforderungen an das Wunschkind. Schon im Mutterleib untersucht man durch pränatale Diagnostik, ob das werdende Wesen gesund ist. Besteht auch nur der Verdacht einer Behinderung, steht es der Schwangeren frei, das Kind „wegmachen" zu lassen. Eltern, die ihr behindertes Kind annehmen möchten, stehen zunehmend unter Druck, weil sie der Gesellschaft unnötige Kosten aufbürden. Gute Mütter haben gesunde Kinder.

Darf dann das Kind tatsächlich das Licht der Welt erblicken, beginnt das große Erziehungswerk der Eltern. Schon Kleinkinder sollen fachgerecht und ausgiebig gefördert werden. Und man glaubt es kaum, aber das beginnt bereits mit der Frage, ob ein Kind Windeln tragen soll oder nicht. Ein neuerer Trend bürdet den Müttern auf, immer zu wissen, wann das Kleine mal muss, denn Windeln könnten es einengen. Deshalb wird auf Windeln verzichtet, und man wäscht dem Kind zuliebe die Bettwäsche, den Teppich oder das eigene T-Shirt, wenn – wie zu erwarten ist – das kleine „Geschäft" danebengeht. Meist ist es eine Frage der Zeit, bis frau zu den Windeln wechselt. Nur leider muss sie deshalb in der Kunst der Erziehung bereits eine erste Niederlage verkraften.

Später werden dann gute Schulleistungen als Tor zu einem erfolgreichen Leben gesehen. Die Konrad-Adenauer-Stiftung hat in einer groß angelegten Studie die Lebenssituation der Eltern untersucht. In einer Zusammenfassung schreibt Christine Henry-Huthmacher[7] dazu: „Der Druck, schon beim Kleinkind nur keine Chance auszulassen, da sie sonst ihrer heutigen Elternpflicht, das Kind optimal zu fördern, nicht gerecht werden, scheint allgegenwärtig. Dieser Bildungsdruck setzt sich im Grundschulalter fort: Eltern unternehmen enorme Anstrengungen und investieren viel Geld in private Anbieter,

---

7 Henry-Huthmacher, C., Eltern unter Druck, http://www.kas.de/wf/de/3313023/;, aufgerufen am 02. 08. 2016.

damit ihr Kind gute Noten erhält … Damit die Kinder den Anforderungen der Schule gerecht werden können, helfen fast 40 Prozent der Eltern häufig bis regelmäßig bei den täglichen Hausaufgaben." Nicht selten übernehmen vor allem die Mütter diesen Job – und damit wird der Erfolg ihrer Kinder zu ihrem eigenen Erfolg.

Doch wird die Mutter, die geduldig zu ihrem auffälligen „ADHS-Kind" steht, die stundenlang mit ihrem schwach begabten Kind übt, die jahrelang für ihr drogensüchtiges Kind betet, auch in die Liste der Top-Mütter eingetragen werden? Wohl kaum – denn gute Mütter haben erfolgreiche Kinder.

Ideal Nr. 4:
Gute Mütter machen ihre Kinder glücklich

Moderne Kinder müssen so ausgerüstet werden, dass sie sich bestmöglich verwirklichen können. Tag für Tag fährt Mama eine Art inneren Radar aus, um zu ergründen, was das Kind heute alles braucht. Sie ist die Partnerin, die geduldig alles ausdiskutiert, Therapeutin, die feinfühlig auf das empfindliche Seelenleben des Töchterchens eingeht, Spielgefährtin, die es zu kreativem Spiel animiert, Lehrerin, die mit ihm ausdauernd Vokabeln paukt, Chauffeuse, die es zu seinen vielfältigen Freizeitaktivitäten fährt, Modeberaterin, die es mit den begehrten Markenkleidern ausstattet, Troubleshooterin, die alle möglichen Schwierigkeiten aus dem Weg räumt, Bodyguard, der es von den Widrigkeiten des Lebens fernhält, und die Märchenfee, die darauf achtet, dass seine Bedürfnisse möglichst rasch befriedigt werden. Die heutige Kindheit will fachmännisch inszeniert sein. Denn Kinder spielen nicht mehr ganze Nachmittage in Haus und Garten, während Mama die Wäsche bügelt. Und wenn dann die Kinder trotz des mütterlichen Mammuteinsatzes Probleme haben, unglücklich oder unzufrieden sind, tragen die Mütter trotz allem die Schuld – denn gute Mütter machen ihre Kinder glücklich.

Ideal Nr. 5:

Gute Mütter machen keine Fehler

Die moderne Psychologie schildert Kinder oft als sehr verletzliche, hilflose Wesen, deren Entwicklung ganz von der Fürsorge ihrer Mutter abhängig sei. Besonders im zarten Säuglingsalter könne jeder Fehler und jedes negative Gefühl fatale Folgen haben und unheilbare Wunden in die zerbrechliche kindliche Psyche schlagen. Nervöses Verhalten, Ängste und Schulschwierigkeiten könnten vor allem auf eine Ursache zurückgeführt werden: Erziehungsfehler der Mutter. Diese Meinung ist heute zum Allgemeingut geworden. Letzthin erzählte mir eine Kollegin von der drogensüchtigen Tochter einer Frau aus unserem Bekanntenkreis. Als ich später über dieses Gespräch nachdachte, merkte ich, dass unsere Gedanken nicht nur voller Mitgefühl bei dieser Familie weilten. Im Gegenteil. Fast automatisch landeten wir bei der allzu häufigen Frage: Was haben die wohl falsch gemacht? Große Probleme werden schließlich durch große Fehler verursacht. Deshalb sind gute Mütter fehlerlos.

Raus aus dem Dauerstress

Durch sehr hohe Erwartungen an sich selbst versetzt man sich in Dauerstress. Erwartungen wirken wie eine Peitsche, sie treiben gnadenlos an und lassen uns nicht zur Ruhe kommen. Vor allem dann, wenn eine Mutter glaubt, dass sie allein für das Glück und den Erfolg des Kindes verantwortlich sei, erlegt sie sich eine fast unerträgliche Last auf. Denn tief in ihr drin bohrt es unerbittlich: Eigentlich müsste ich es noch besser machen.

Überhöhte Ideale wirken wie Treibmittel für Schuldgefühle, denn sie erzeugen viele Misserfolgserlebnisse. Normale Probleme, wie sie in jeder Familie irgendwann auftreten, werden dann als Niederlage gesehen statt als normale Herausforderung, die es zu bewältigen gilt. Fällt ein Kind aus dem erwarteten Rahmen, stellt sich sofort die quälende Frage: Was habe ich bloß falsch gemacht? Außerdem lädt man damit auch eine Bürde auf die Kinder, die jederzeit den mütterlichen Erwartungen entsprechen müssen. Es ist aber unmöglich, auf längere Zeit das perfekte Familienleben zu führen.

Manchmal kommen mir Mütter vor wie Leistungssportlerinnen. Täglich werfen sie sich in den Wettkampf mit der Zeit, bringen frühmorgens die Kinder in die Kita oder in die Schule, eilen zur Arbeit, zaubern etwas Essbares auf den Tisch, überwachen die Hausaufgaben, schlichten Streit, erledigen die Einkäufe, arbeiten im Haushalt, empfangen den müden Ehegatten und, und, und ... Spätabends sinkt frau erschöpft ins Bett. So weit, so gut. Wenn man sich zusätzlich aber noch damit abquält, was man hätte besser machen können, ist die Grenze der Belastbarkeit irgendwann überschritten.

Stellen Sie sich vor, dass Sie im Hochsprung an einem Wettkampf teilnehmen. Täglich würden Sie trainieren und die Latte langsam immer höher legen. Zuletzt haben Sie die Marke von zwei Metern erreicht und schwingen sich unter Aufbietung aller Kraft darüber. Ist es realistisch zu erwarten, dass Sie dies jeden Tag erreichen? Unmöglich!

Wie hoch legen wir die Latte im Familienleben? Verlangen wir von uns, im übertragenen Sinn, dass wir ständig die Zwei-Meter-Grenze knacken müssen?

Idealistische Vorstellungen verringern das Selbstwertgefühl, denn man wird durch sie ständig seinem Unvermögen gegenüberstehen. Mit jedem neuen Misserfolg wird die quälende Gewissheit noch fester zementiert: Ich bin eine Versagerin. Deshalb ist es befreiend, wenn wir uns vom Ballast unerreichbarer Ideale trennen und sie durch realistische Vorstellungen und Ziele ersetzen.

Mögliche realistische Ziele:

- Kann man alle Bedürfnisse der Kinder stillen? Nein! Wir leben nicht im Paradies und Kinder können an Schwierigkeiten wachsen. Eltern können nur das weitergeben, was sie selbst besitzen, und an jedem einzelnen Tag kann man nur das leisten, wozu die Kraft reicht. Das gilt besonders für Alleinerziehende, die ihr Bestes geben, aber eine Mutter kann nun einmal den Vater nicht vollständig ersetzen. Glücklicherweise leben sie nicht auf einer Insel, und die Kinder sind eingebettet in diverse Beziehungen, die ihre Defizite ausgleichen können.
- Soll man nur für die Kinder leben? Nein! Mütter und Kinder brauchen ihren Freiraum zur persönlichen Entwicklung. Zwar benötigen die Kinder in den frühkindlichen Jahren viel zeitliche Zuwendung, doch später übernehmen Schule und Freunde einen großen Teil der Tagesstruktur. Nehmen Sie sich jeden Tag Zeit für Ihr Kind, ermutigen Sie es bei seinen Aufgaben, drücken Sie aus, wie wertvoll es ist. Dieser Schatz an Zuwendung wird es den ganzen Tag über begleiten.
- Ist Erfolg beliebig machbar? Nein! Jedes Kind kann nur diejenigen Gaben entfalten, die ihm Gott mitgegeben hat. Es ist hinlänglich erwiesen, dass beispielsweise Intelligenz zu einem beträchtlichen Teil vererbt ist. Auch mit intensivem Lerntraining kann der Lernerfolg nicht beliebig verbessert werden. Zeigen Sie deshalb Ihrem Kind, dass Sie auch auf seine praktische oder soziale Intelligenz stolz sind. Suchen Sie gemeinsam mit Ihrem Kind seinen individuellen Weg. Das ist echter Erfolg!
- Haben meine Kinder ein Recht auf Glück? Nein! Glück kann nur durch eine innere Lebenshaltung gefördert werden. Zufriedenheit entsteht nicht im Schlaraffenland, sondern sie

muss an den kleinen Freuden des Alltags eingeübt werden. Sofortige Befriedigung der Wünsche hingegen führt zu Unzufriedenheit. Lassen Sie sich durch die Tränen der Kinder nicht niederdrücken oder gar erpressen. Natürlich können wir versuchen, unseren Kindern eine möglichst geordnete und liebevolle Kindheit zu schenken. Es wird aber immer wieder dunkle Täler geben, durch die sie sich durchkämpfen müssen.

In der modernen Psychologie spricht man heute von einem Grundbedürfnis, dass Kinder realistische Grenzen gesetzt bekommen. So schreibt der Psychiater Luca Hersberger in seinem Buch *Heilsame Beziehungen*[8]: „Grenzen gehören auch zu den Grundbedürfnissen, wobei sie in einem gesunden Ausmaß – nicht zu viel, nicht zu wenig – und nicht strafend umgesetzt werden sollen." Davon soll später die Rede sein.

- Müssen Eltern perfekt sein? Nein! Durch Fehler werden auch Sie klug. Und Ihre Kinder lernen durch Sie, wie sie tragende Beziehungen gestalten können. Eltern bereiten ihre Kinder da auf die Herausforderungen des Lebens vor, wo sie nicht immer mit Samthandschuhen angefasst werden. Zu Hause lernen sie in einer geschützten Umgebung, wie sie auch widrigen Umständen entgegenstehen können.

Manchen Frauen liegen die Aufgaben der Mutterschaft mehr, anderen weniger. Manche Frauen haben ein super Händchen für Babys, andere fahren im Umgang mit Jugendlichen zu ihrer Hochform auf. Auch die innere Verbundenheit ist nicht zu jedem Kind gleich. Bei einem Kind besteht eine Seelenverwandtschaft, ein anderes wird

---

8 Hersberger, L., Heilsame Beziehungen – Wenn christlicher Glaube und Schematherapie sich ergänzen, ArteMedia, Basel 2016.

man nie richtig verstehen können. Glücklicherweise bietet der Ehemann meistens eine Ergänzung bei der Betreuung der Kinder. Und weil die Kinder erstaunlich anpassungsfähig sind, holen sie sich bei dem jeweiligen Elternteil intuitiv das, was sie brauchen. Mütter sind ein Leben lang Lernende, und deshalb ist es gut, wenn sie sich auch außerhalb der Familie Rat holen, wenn sie nicht mehr weiterwissen. Entspannen Sie sich also und nehmen Sie Abschied von Ihren zu hohen Ansprüchen an sich selbst!

Supermütter in der Bibel?

Menschen, die nach den Werten des christlichen Glaubens leben möchten, setzen sich nicht selten unter einen erhöhten Druck, denn sie möchten nicht nur den Menschen, sondern auch Gott gefallen. Sie haben als Ideal verinnerlicht, dass in einem christlichen Umfeld alles harmonisch abläuft. Ein Blick in die Familiensagas des Alten Testaments zeigt allerdings eine ganz andere Realität. Haben Ihre Kinder schon mal eins ihrer Geschwister ermordet? Die Urmutter Eva musste genau das verkraften, als ihr Sohn Kain seinen Bruder Abel aus Eifersucht erschlug. Welch eine Tragödie!

Später begegnen wir Rebekka. Sie liebte ihren Sohn Jakob mehr als seinen Zwillingsbruder Esau, und sie schreckte nicht davor zurück, ihren Mann zu belügen und ihrem Lieblingssohn das Familienerbe zu erschleichen. Esau war darüber so wütend, dass er seinen Bruder ermorden wollte, und so musste Jakob lange Zeit im Exil leben. Erst viele Jahre später versöhnten sich die beiden Brüder. Wie konnte Rebekka so parteiisch sein?

Leider hat Jakob selbst aus seiner eigenen tragischen Geschichte nicht viel gelernt, denn er zog seine beiden jüngsten Söhne Josef und Benjamin den zehn älteren Söhnen vor. Er verwöhnte seine kleinen Lieblinge, kleidete sie in exquisite Gewänder und erließ ihnen die Arbeit. Schließlich waren die älteren Söhne über diese Vorzugsbehandlung so erzürnt, dass sie Josef kurzerhand nach Ägypten in die Sklaverei verkauften und ihrem Vater erzählten, dass ihr kleiner Bruder von einem wilden Tier getötet worden sei.[9]

Unglaublich! Dagegen ist heutzutage die durchschnittliche Familie trotz der alltäglichen Reibereien ein Hort von Frieden und Sicherheit.

Selbst Maria entsprach nicht dem Mutterideal. In der Bibel finden wir Hinweise, dass sie ihren besonderen Sohn Jesus nie richtig verstehen konnte.

Werden diese Eltern verurteilt? Nein, ihre Fehler werden nur sachlich erwähnt und als normaler Bestandteil einer unvollkommenen Welt betrachtet. Mir ist keine Stelle in der Bibel bekannt, in der die Mütter für die Probleme der Kinder zur Rechenschaft gezogen werden. Aber eines zieht sich durch all diese biblischen Familiengeschichten: Gott selbst greift in die Schicksale ein und schenkt, dass die Kinder trotz ihrer unvollkommenen Mütter zu ganz besonderen Menschen heranwachsen.

Gute Mütter sind also keine Übermenschen, sondern normale Frauen mit ihren Möglichkeiten und Grenzen, Stärken und Schwächen:

- Sie bemühen sich, die Kinder zu verstehen, aber sie sind keine Hellseherinnen.
- Sie erziehen nach bestem Wissen und Gewissen, aber sie sind keine fehlerlosen Profis.
- Sie kümmern sich um ihren Nachwuchs, aber sie sind nicht die einzige Bezugsperson.
- Sie versuchen, die Kinder glücklich zu machen, aber sie sind keine Glücksfee.

---

9 Die dramatischen und ehrlichen Familensagas des Volkes Israel sind im 1. Buch Mose überliefert.

- Sie opfern den Kindern viel Zeit, aber sie geben ihr eigenes Leben nicht völlig auf.

Frauen, die ihre Idealbilder ehrlich hinterfragen, sich realistisch einschätzen und zu ihren Fehlern stehen, werden befreit bemerken, dass ihre Schuldgefühle schwinden und die ganze Familie aufatmen kann. Sie werden selbstbewusst zu ihren Fehlern stehen und dabei ihre vielen Stärken nicht vergessen.

3.

Unheimliche Gefühle

„Ich fühle mich wie eine reife Ähre auf einem dünnen Stiel, die eine schwere Last tragen muss. Der Wind peitscht mich hin und her. Ich hoffe, dass er mir die schwere Last entreißt, bevor sie mich ganz zu Boden drückt." Clarissa, 30 Jahre, Mutter

Was hat wohl diese Mutter erlebt, als sie diese Worte an eine Zeitschrift sandte? Gibt es nicht in jedem Menschenleben trübe Stunden, in denen man solche Gedanken nur zu gut nachempfinden kann? Sicher, aber Mütter sind ganz besonders empfänglich für starke Gefühle: Wenn ein Kind leidet, so trifft dies seine Mutter im Innersten. Und so ist es verständlich, dass Mütter nicht immer ausgeglichen reagieren. Gerade die Liebe zum Kind lässt die mütterlichen Gefühle auf der ganzen Skala erklingen, denn man möchte ja alles Schädliche von ihm fernhalten. Das Gefühlspendel schlägt aus von Liebe und Zärtlichkeit bis zu Verzweiflung und Zorn.

Erfreulicherweise werden jedoch heute in der Erziehungsliteratur vermehrt auch die dunklen Seiten des Mutterseins thematisiert. So wird in einer Beschreibung des Buches *Mütter ohne Liebe* zusammengefasst: „Als Fazit bleibt, dass die Mutter-Kind-Beziehung wohl in den allermeisten Fällen zwischen den beiden Polen der allumfassenden Liebe einerseits und massiver Ablehnung und

Destruktivität andererseits angesiedelt ist. Glück, Zärtlichkeit und das Gefühl der Verbundenheit finden darin ebenso Platz wie Enttäuschung, Wut und Frustration, die Vorstellung symbiotischer Verschmelzung ebenso wie ein ausgeprägtes Individuationsbedürfnis – mit einem Wort: alle Facetten, die andere Liebesbeziehungen auch aufweisen."[10] Entspannen Sie sich also, auch wenn Sie hin und wieder im negativen Bereich der Gefühle schwingen. Deswegen müssen Sie sich noch längst nicht schuldig fühlen.

Niemand soll es wissen …

Kürzlich saß die Mutter eines Teenagers weinend in meinem Sprechzimmer. Ihre Familienwelt war in den letzten Wochen buchstäblich zusammengestürzt. Ihr einziger Sohn musste wegen ungenügender Leistungen die Schule verlassen, in der sich daran anschließenden Lehre wurde ihm nach drei Monaten gekündigt, da er die Berufsschule kaum besuchte. Der Stresspegel stieg weiter, als sich mitten in der Nacht die Polizei meldete, weil er im Besitz von Drogen aufgegriffen wurde. Aus dem netten Jungen, der vor Kurzem noch eifrig Fußball gespielt hatte und völlig unauffällig war, hatte sich ein rebellischer, unberechenbarerer, junger Mann entwickelt. Gefühlsmäßig herrschte das nackte Chaos: Sorge, Wut, Trauer, Verzweiflung, Selbstvorwürfe, Selbstzweifel und Scham, aber auch Liebe für ihr Kind wirbelten wild durcheinander. Die Mutter erzählte weiter: *„In der Straßenbahn wurde ich von einer Mutter aus dem Fußballklub angesprochen. Auf die Frage nach dem Ergehen von Noah wich ich aus. Erst, als sie zu erzählen begann, dass ihr Sohn zurzeit eine Krise schiebe, wagte ich, über die eigenen Probleme zu reden. Es war so eine Erleichterung, als ich merkte, dass ich mit meinen Problemen nicht allein bin."*

---

10 Gschwend, G., Mütter ohne Liebe. Vom Mythos der Mutter und seinen Tabus, Verlag Hans Huber, Bern 2014.

Vielen Müttern geht es ähnlich wie ihr. Da bricht plötzlich eine Art Tsunami ins Leben ein, aber man wagt aus Angst vor Kritik nicht, davon zu erzählen, und fühlt sich als die schlechteste Mutter der Welt. Dieses schamgetriebene Geheimhalten normaler Probleme beschreibt auch eine Frauenärztin von ihren Patientinnen: *„Als ich anfing, als Gynäkologin zu praktizieren, war ich selbst Mutter von zwei Kindern und kannte das Muttersein aus eigener Erfahrung. Meistens fragte ich die neu entbundenen Frauen, wie sie daheim zurechtkämen. Wenn dann die Antwort ein glattes ‚Sehr gut‘ war, sagte ich: ‚Da haben Sie wirklich Glück. Meine Kinder gehen mir ganz schön auf die Nerven.‘ Damit war im Allgemeinen das Eis gebrochen und wir konnten offener miteinander sprechen.“*

Es gibt viele Begebenheiten, die uns zur Weißglut treiben können. Sibylle berichtete mir verschämt: *„Ich wage es kaum, es Ihnen zu sagen“*, begann sie zögernd. *„Aber manchmal fürchte ich mich vor mir selbst, weil ich meinen Zorn gegen meine Kinder kaum beherrschen kann. Wenn sie zum Beispiel schreiend in der Badewanne sitzen und lautstark gegen das Haarewaschen kämpfen, habe ich hin und wieder den Impuls, sie kurz mit eiskaltem Wasser abzuduschen, damit sie wissen, warum sie schreien. Ich bin so dankbar, dass es nie dazu gekommen ist und ich noch einen Funken Kraft aufbrachte, um ruhig zu bleiben. Ich hätte nie geglaubt, dass es mit mir einmal so weit kommen könnte, denn eigentlich habe ich meine Kinder lieb. Ich schäme mich so sehr, denn das passt überhaupt nicht zu meiner Überzeugung als Christin.“*

Während des Gesprächs spürte ich förmlich ihre Erleichterung. Endlich konnte sie ihr dunkles Geheimnis und ihre Schuldgefühle mit jemandem teilen, der sie nicht verurteilte, sondern sie zu verstehen suchte.

Mütter von herausfordernden Kindern müssen sich mit noch größeren Gefühlsstürmen auseinandersetzen als jene mit *unauffälligen*

Kindern. So sind zum Beispiel Eltern von Kindern mit ADHS (hyperaktiven Kindern) über Jahre einem erhöhten Stress ausgesetzt. Die Probleme beginnen oftmals bereits in der Säuglingszeit, wenn die Mutter dem unablässigen Schreien des Babys hilflos gegenübersteht. Sie leidet unter seinen Schlafstörungen und kann es nicht zufriedenstellen. Später strapazieren Stimmungsschwankungen und impulsive Handlungen auf Seiten des Kindes das Familienleben. Und zusätzlich werden die Eltern ungewollt zum Dauergast in der Schule des Sprösslings, da dieser eine beinahe unbegrenzte Fantasie zur Störung des Unterrichts entwickeln kann.

Auch Mütter von Teenagern klagen über mühsame Gefühlsschwankungen. Oft werden sie vom unberechenbaren Verhalten des Jugendlichen aus dem Gleichgewicht gebracht. Zusätzlich zehren auch noch all die Veränderungen, die die mittlere Lebensphase mit sich bringt, an ihrer Substanz: die Ablösung der Kinder, die Suche nach einer neuen Lebensgestaltung, hormonelle Veränderungen.

„Oft fühle ich mich selbst wie ein Teenager, manchmal himmelhoch jauchzend und dann wieder zu Tode betrübt", beschrieb eine 43-jährige Frau ihren Zustand.

Der gegenseitige Ablösungsprozess schafft Unsicherheiten, Grenzen wollen ausgelotet sein und die eigene Meinung schärft sich in der Abgrenzung von der Mutter. Es ist für Eltern sehr anstrengend, wenn sie als eine Art Mülleimer dienen müssen, in dem die Kinder all ihre negativen Emotionen entsorgen.

Doch auch wenn es mittlerweile Literatur zu diesem Thema gibt, sind negative mütterliche Gefühle immer noch ein Tabuthema. Schließlich will frau keine Rabenmutter sein. Die israelische Forscherin Orna Donath hat mit ihrer Studie *Das Muttersein bereuen: Eine gesellschaftpolitische Analyse*[11] eine hitzige und kontroverse

---

11 Donath, O., Regretting Motherhood – Wenn Mütter bereuen. Knaus, München 2016.

Debatte ausgelöst. 23 Frauen sprechen darin über ihre Erfahrungen als Mutter. Alle betonen, dass sie ihre Kinder lieben, aber trotzdem heute entscheiden würden, keine Kinder zu bekommen. Das hört sich krass an, aber kennen Sie nicht auch jene Stunden, in denen Sie sich danach sehnen, sich zu entspannen, einmal keine Verantwortung zu tragen oder ganz einfach ein paar Tage allein zu sein?

In einer deutschen Studie wurden mehr als 2000 deutsche Eltern nach ihrem Ergehen befragt. Die Resultate machen betroffen: Nach der Geburt des ersten Kindes erlebten 70 Prozent der Eltern eine Verringerung ihrer Lebensqualität, bei mehr als einem Drittel der Eltern sackte der auf einer Skala von 0 (völlig unzufrieden) bis 10 (völlig zufrieden) ermittelte Wert um 2 oder mehr Punkte ab. Die Stimmung liegt damit sogar tiefer als der Durchschnittswert, der bei Schicksalsschlägen wie dem Tod des Partners ermittelt wurde.[12]

Stimmungstiefs gehören zum Muttersein. Behalten Sie jedoch diese negativen Empfindungen bitte nicht für sich. Viele Mütter machen gute Erfahrungen, wenn sie ihren Frust mit ihren Freundinnen teilen. Es ist äußerst erleichternd, wenn man merkt, dass es den anderen ähnlich ergeht. Denn dann kann man gemeinsam überlegen, wie man die Probleme angehen kann. Und manchmal hilft es ganz einfach, wenn jemand nur mal verständnisvoll zuhört.

Schaden negative Gefühle den Kindern?

Wird man schuldig, wenn man nicht immer ausgeglichen und fröhlich ist, und schadet man den Kindern damit? Nein, denn Gefühle sind ein Ausdruck unserer Befindlichkeit und nicht zwingend mit falschen Handlungen verknüpft. Wie ein Barometer zeigen sie die

---

12 Neumann, T., Nach dem ersten Kind haben viele Eltern genug, FAZ online, http://www.faz.net/aktuell/gesellschaft/psychologie-studie-kinder-koennen-ungluecklich-machen-13748302.html, aufgerufen am 13. August 2015.

Wetterlage in der Familie an. Da gibt es sonnige Aufhellungen, aber auch Gewitter und Sturm.

Auch Jesus zeigte Gefühle: Freude, wenn er sah, wie jemand Gottes Wort aufnahm; Mitleid und Trauer, wenn er mit leidenden Menschen zusammentraf; Ärger, als seine Jünger Kinder wegschicken wollten; Zorn, als er die lärmenden Händler aus dem Tempel vertrieb, aber auch Angst, als er im Garten Gethsemane auf die Häscher der Priester wartete. Gefühle werden in der Bibel nicht verdrängt, sondern dürfen frei geäußert werden – auch vor Gott. Jesus liebt uns nicht nur, wenn es uns gut geht, sondern auch in Zeiten der Müdigkeit und des Versagens.

Kinder wachsen an den positiven und negativen Gefühlsäußerungen ihrer Mutter. Schon 1992 kamen die Autoren einer amerikanischen Studie, welche die Folgen von mütterlichen Gefühlsausbrüchen untersuchte, zu folgendem Schluss: „Mütter, die ihre negativen Emotionen erklärten, hatten Kinder, die beziehungsfähiger und sozialer waren."[13] Die Schweizer Psychologin Irene Rohrer führte diesen Gedanken 2012, also zwanzig Jahre später, in einem Onlineartikel weiter aus: „Je authentischer die Eltern im Umgang mit ihren Gefühlen sind, desto besser geht es den Kindern. Die Eltern werden dadurch auch berechenbarer. Es ist nicht sinnvoll und zudem nicht möglich, die Kinder vor den Gefühlen der Eltern zu schützen, denn die Kinder spüren genau, wenn etwas nicht stimmt. Und wenn nicht darüber gesprochen wird, verunsichert dies das Kind stark [...] Ehrlichkeit ist die Grundlage für eine gesunde Entwicklung des Selbstwerts."[14]

---

13 Denham, A. et al., Mothers' emotional expressiveness and coping; relations with preschoolers' social-emotional competence. Social and General Psychology Monographs 1992, 118/75–101.
14 Schule und Elternhaus Schweiz: Mehr Platz für Gefühle bitte! www.schulelternhaus. ch/ch/medienpraesenz/archiv-detail.html?, aufgerufen am 16. August 2015.

Die Psychologin warnt allerdings davor, dauernd alle Gefühle vor dem Kind auszubreiten. Dies könne das Kind überfordern. Besser sei es, im Rahmen einer sogenannten selektiven Authentizität Gefühle zu zeigen – nach dem Motto: Nicht alles, was echt ist, will ich sagen, doch was ich sage, soll echt sein.

Regungen wie Zufriedenheit und innere Unruhe, Stolz und Zorn, Zuneigung und Ablehnung sind natürliche Bestandteile der elterlichen Gefühlswelt. Die Kinder sollen wissen, dass ihre Mama auch nur ein gewöhnliches menschliches Wesen ist und dass ihr Fehlverhalten normalerweise mit Ärger und Zorn beantwortet wird. Sie lernen dabei, dass ihre eigenen Entscheidungen und Handlungen bei ihrer Mutter Gefühle auslösen und Folgen haben. Wenn sie keinen Ärger säen, werden sie auch keinen ernten.

Gefühle sind wie ein Spiegel

Die Individualpsychologie zeigt mit einem einfachen Konzept, wie sich Eltern und Kinder in Konfliktsituationen gefühlsmäßig gegenseitig beeinflussen. Wie in einem Pingpong-Spiel werden die Emotionen gegenseitig hochgetrieben. Der Individualpsychologe Rudolf Dreikurs beschreibt in seinem sehr lesenswerten Bestseller *Kinder fordern uns heraus*[15], wie man von den eigenen Gefühlen ableiten kann, welches Ziel ein Kind meist unbewusst verfolgt. Die selbst empfundenen Gefühle zeigen wie ein Fieberthermometer an, in welcher Phase eines Konfliktes man gerade angelangt ist. Diese Selbsteinschätzung kann dabei helfen, einen aufkeimenden heftigen Streit frühzeitig zu beruhigen. Im Folgenden finden Sie einige Beispiele:

---

15 Dreikurs, R., Kinder fordern uns heraus. Klett-Cotta, 19. Auflage, Stuttgart 2014.

Ziel des Kindes: Aufmerksamkeit erwecken –
Gefühl der Mutter: Irritation
Wir alle kennen diese typische Situation: Das Handy meldet sich und Mama vertieft sich in ein Gespräch mit ihrer besten Freundin. Es ist kaum zu glauben, aber keine fünf Minuten später beginnt das erste Kind zu quengeln! Wenig später schreit das zweite Kind und kurz darauf umringen sie heulend die telefonierende Mama. Was ist ihr Gefühl dabei? Zuerst wohl *Irritation*. Je nach Verlauf der Szene steigert diese sich dann zu Ärger und Wut. Und schon ist man in Phase zwei der Eskalation angelangt. Es gibt aber einen Ausweg: Mama könnte das Telefonat abbrechen und die Freundin in einem ruhigen Moment zurückrufen.

Ziel des Kindes: Den Machtkampf gewinnen –
Gefühl der Mutter: Wut
Mama befiehlt der weinenden Meute, sich ins Kinderzimmer zu verziehen und sie in Ruhe zu lassen, was diese gar nicht angenehm findet. Und schon ist der Machtkampf in vollem Gang. Der Pegel der begleitenden Gefühle steigt höher und *Wut und Zorn* sorgen auf beiden Seiten für rote Köpfe. In Familien werden viele Machtkämpfe ausgefochten und meist gibt es dabei nur Verlierer. Vordergründig gewinnt zwar jemand, aber die Atmosphäre ist vergiftet, und die unterlegene Person sinnt auf Rache oder ist entmutigt. Ich werde später eine bessere Möglichkeit zum Umgang mit Konflikten aufzeigen.

Ziel des Kindes: Rache nehmen –
Gefühl der Mutter: sich verletzt und unterlegen fühlen
Dies ist die nächste Phase der Eskalation: „Wenn du mir nicht gibst, was ich will, tue ich dir wenigstens weh. Kinder, die zum Gewinnen von Machtkämpfen noch nicht stark genug sind, haben oft keine

andere Wahl, als sich so zur Wehr zu setzen. So kann Schulverweigerung eine Art von Rache sein, wenn die Eltern ihr Kind nur über seine Leistung wahrnehmen oder wenn sie ihren eigenen Selbstwert durch den Schulerfolg aufpolieren möchten. Letztlich kann man ein Kind nicht zum Lernen zwingen, und den Eltern bleibt nichts anderes übrig, als mehr oder weniger hilflos mit anzusehen, wie die Noten des Kindes absacken. Die Botschaft an den ehrgeizigen Elternteil lautet dann: „Wenn du mich schon nicht um meiner selbst willen liebst, will ich auch nicht zu deiner Welt gehören."

Ziel des Kindes: Rückzug – Gefühl der Mutter: Resignation
Diese Phase erreicht man oft in der Pubertät, wenn die Kluft zwischen Eltern und Kind unüberwindbar scheinen kann. Beide Seiten sind erfüllt von Enttäuschung und Resignation. Rückzug, Wegrennen, Sichtrennen erscheint dann als einzige Lösung. Wenn man jedoch auf dieser Ebene angelangt ist, sollte man dringend Hilfe suchen.

Gefühle sind an sich nichts Schlimmes oder Böses, sondern ein Ausdruck unseres Seelenlebens. In einer Familie sollte es deshalb erlaubt sein, dass man die ganze Skala von Gefühlen empfinden und auf angepasste Weise ausdrücken darf. Während eines Machtkampfes ist es ganz verständlich, dass man sich zornig fühlt und seine Wut auch mal rausschreit. Wenn man einem Teenager einen Kinobesuch verbietet oder einem Kindergartenkind das Fahrrad wegnimmt, weil es auf der Straße fuhr, werden sie ärgerlich sein. Es ist nachvollziehbar, dass sich der Teenie türeknallend auf sein Zimmer verzieht oder in wütende Tränen ausbricht. Kinder und Jugendliche lassen sich nun einmal nicht gerne in ihrer Freiheit einschränken. Allerdings ist dabei wichtig, dass diese Emotionen nicht das ganze Familienklima vergiften oder dominieren.

Eine Mutter erzählte mir, dass sie ihr Kind etwa so in seine Schranken weise: *„Ich verstehe, dass du wütend bist, aber mach jetzt bitte kein Theater. Du kannst gerne in deinem Zimmer über alles nachdenken."*

Als Mutter kann man lernen, seine Gefühle bis zu einem gewissen Maß zu kontrollieren. Sie können entscheiden, wie Sie mit kindlichem Ärger und Wut umgehen wollen. Glücklicherweise zwingt uns niemand, ärgerlich zu sein oder unseren inneren Spannungszustand mit einem Wutausbruch zu erleichtern. Sie sind die erwachsene und hoffentlich weisere Person in diesem Konflikt und entscheiden selbst, wie Sie auf den kindlichen Gefühlsausbruch reagieren wollen.

Beispielsweise können Sie dem Dreikäsehoch sagen, dass er ruhig beliebig lange weiterweinen kann, denn es sei wirklich traurig, dass er nicht gehorcht hat. Die Tränen werden bestimmt erstaunlich rasch versiegen. Zugegeben: Es ist nicht immer einfach, unseren inneren Gefühlsspiegel mit einer Schicht Geduld und Festigkeit zuzudecken und die Ausbrüche von Wut und Ärger einfach abprallen zu lassen.

Dabei kann es hilfreich sein, wenn man das *Publikum* (sich selbst) aus dem *Schlachtfeld* entfernt. Eine kurze Atempause im Schlafzimmer, ein längerer Besuch auf der Toilette (bewaffnet mit Lesestoff), ein Stoßgebet am Spülbecken, Ruhe dank Ohropax; es gibt viele Möglichkeiten, um sich aus dem Kampfgeschehen zurückzuziehen. Denn eine Lösung findet man ohnehin erst, wenn wieder Ruhe herrscht.

Bei Kleinkindern ist ein solcher Rückzug nur bedingt möglich. Es gibt aber hier noch andere Möglichkeiten zur Deeskalation: So kann man ein bestimmtes Verhalten für eine Zeit ignorieren oder das Kind ablenken. Dann wird es in seinem Verhalten unterbrochen und hört damit auf.

Hilfreich kann auch sein, dass Sie sich bildlich gesehen in einen

Schutzraum begeben. Stellen Sie sich beispielsweise eine Muschel vor, in die Sie sich zurückziehen. Die Woge des kindlichen Wutausbruches rauscht um Sie herum, doch Sie machen es sich bequem in Ihrer Muschel, lassen sich gefühlsmäßig nicht darauf ein und warten, bis der Sturm vorüber ist. Oder zeichnen Sie bildlich gesprochen einen Kreis um sich. Bis hierher dürfen die Emotionen der Kinder kommen und nicht weiter. Sie selbst sind eine eigenständige Person, fällen Ihre eigenen Entscheidungen und beeinflussen mit Ihren Gedanken Ihre Gefühle.

Es kann auch mal vorkommen, dass man ein Thema in einer hitzigen Diskussion gleich zu Ende bringen will. Denn es kann befreiend wirken, wenn man endlich einmal alles gesagt hat, was tief in einem schlummert.

Die Diskussionskultur in Familien ist sehr unterschiedlich und es gibt nicht die einzig richtige Art. Intensive Auseinandersetzungen können ein Hinweis auf allgemein tiefe Gefühle sein, auch jene der Liebe. Und ein Haushalt, in dem nie gestritten wird, kann gleichzeitig sehr distanziert sein.

Leider ist es beinahe unmöglich, Diskussionen immer psychologisch richtig und in der angepassten Lautstärke zu führen. Wenn dann doch einmal verletzende Worte fallen, ist es wichtig, dass Ihr Kind weiß, dass Sie es lieben und mit all seinen Stärken und Schwächen annehmen. Diese ermutigende Botschaft sollte es jeden Tag hören! Das kann mit ganz kleinen Zeichen geschehen: ein kleiner Gruß in der Brotdose, eine ermutigende SMS vor einem Test, eine liebevolle Geste ...

Erst, wenn der Sturm abgeflaut ist, kommt die Zeit der Einflussnahme und des konstruktiven Gesprächs. Vielleicht haben Sie das Kind ungerechterweise angeschrien und Ihren eigenen Ärger auf es übertragen. Oder Sie haben es mit Worten verletzt. Nehmen Sie diese Schuld nicht mit in den nächsten Tag, sondern entschuldigen Sie sich bei Ihrem Kind. Eine Familie wird nie konfliktfrei funktionieren und das ist auch nicht notwendig. Es ist viel wertvoller, wenn Kinder daheim lernen, Konflikte zu bewältigen.

Im Auf und Ab der Hormone

Das Gefühlsleben der Frauen ist deutlich stärker an körperliche Veränderungen angebunden als jenes der Männer. Wie Ebbe und Flut sind unsere Hormone einem Rhythmus unterworfen und lassen unsere Gefühlswelt steigen und fallen.

Der weibliche Zyklus

Dass Hormone Stimmungen und Verhaltensweisen beeinflussen, ist seit Langem bekannt. Ein hoher Östrogenspiegel trägt zum seelischen Wohlbefinden bei. Beim Absinken dieser Werte, beispielsweise in der Menopause, kann es zu Verzweiflungszuständen und Depression kommen. Progesteron wirkt in hohen Dosen beruhigend und wird von Ärztinnen und Ärzten als Sedativum eingesetzt, um Angst- und Erregungszustände bei manischen Patienten zu dämpfen. Der hohe Stand der beiden Hormonwerte stabilisiert das Gefühlsleben der Hochschwangeren und bereitet sie innerlich auf die Geburt vor. In der Menopause kann das Absinken der Hormonwerte dann jedoch den gegenteiligen Effekt haben.

Wir Frauen sind an das Zu- und Abnehmen der Hormonwerte durch den monatlichen Zyklus gewöhnt. Unter dem Einfluss des Glückshormons Östrogen fühlt man sich in der ersten Hälfte des Zyklus ausgeglichen, unabhängig und *nützlich*. Man erträgt kleine Irritationen leichter und hat idealistische Ziele für sich selbst und für seine Familie. Zur Zeit des Eisprungs erhöhen sich beide Hormonwerte und führen zu romantischen und sentimentalen Gefühlen gegenüber den Kindern, zu Toleranz anderen gegenüber und zu Freude an den verschiedenen Aufgaben als Mutter. Gegen Ende des menstruellen Zyklus jedoch fällt der Spiegel von Östrogen und Progesteron stark ab und das seelische Hoch geht zu Ende. Kurz vor der Menstruation fühlen sich deshalb viele Frauen nervös und instabil, sie sind lärmempfindlich, melancholisch und gereizt.

Schon das Wissen um die körperlichen Ursachen von Stimmungsschwankungen kann befreiend sein. Denn dadurch kann man seine Stimmungswechsel als Folge von körperlichen Veränderungen einordnen und muss sich deswegen keine Vorwürfe machen. Und mit der Zeit weiß man aus Erfahrung, dass wieder stabilere Zeiten kommen werden. Denn durch Selbstbeobachtung lässt sich leicht herausfinden, wann man seine turbulenten Tage hat. Die Familie darf dies ruhig wissen und kann die Mutter auch entsprechend entlasten, denn oft ist es eine Erleichterung für alle, wenn sie sich für diese Zeit etwas mehr Ruhe verschreibt und wenig Dringliches nach hinten schiebt. Man muss ja nicht unbedingt an den unstabilen Tagen wie ein Wirbelwind mit dem Putzlappen durch die Wohnung flitzen. Sie und Ihre Familie werden sich deutlich wohler fühlen, wenn Sie sich für diese Tage mehr Ruhepausen gönnen und Ihre Seele baumeln lassen.

Babyblues oder postnatale Depression

Besonders deutlich aber erleben Frauen den Einfluss der Hormone rund um die Geburt. Bei circa 80 Prozent[16] aller Frauen tritt etwa drei Tage nach der Geburt der sogenannte *Babyblues* auf. Mit diesem Ausdruck bezeichnet man eine relativ harmlose kurzfristige Verstimmung, die sich als häufiges, plötzliches Weinen, Schlaflosigkeit, Reizbarkeit, Aggression oder auch als Gefühl der Ablehnung gegenüber dem Kind oder dem Ehepartner äußert.

---

16 Ein kurzer vertiefender Artikel zum Thema Babyblues: http://www.baby-und-familie.de/Geburt/Baby-Blues-oder-Wochenbettdepression-106157.html, aufgerufen am 2. Juli 2016.

Heute herrscht allgemein die Überzeugung, dass der *Babyblues* die hormonelle und biochemische Reaktion des weiblichen Körpers auf den alles umwälzenden Prozess der Geburt ist. Die hormonelle Aktivität ist während der Schwangerschaft extrem hoch, so sind zum Beispiel, wenn die Wehen einsetzen, die Progesteron- und Östrogenwerte im weiblichen Körper um das Fünfzigfache höher als vor der Schwangerschaft. Innerhalb von 24 bis 36 Stunden nach der Entbindung sinken diese Hormone auf das normale Maß ab, was ähnlich wirken kann wie der Entzug von einem Beruhigungsmittel. Und wenn man diesen natürlichen Vorgang nicht kennt, kann der damit verbundene Absturz der Gefühle zu einem Schuldproblem werden.

Bei manchen Müttern aber setzt die depressive Stimmung erst später ein und dauert länger. Diese Form der postnatalen Depression tritt im Allgemeinen schleichend in Erscheinung. Ihre Symptome können sich in Gefühlen von Traurigkeit, Energiemangel oder dem Eindruck, dass das Leben keinen Sinn hat, zeigen. Gleichzeitig können auch eine Reihe von körperlichen Auffälligkeiten wie chronische Müdigkeit, verspätetes Einsetzen der Menstruation, Haarausfall, schwere Schlafstörungen und ein deutlicher Verlust des sexuellen Interesses dazukommen. Rund 10 Prozent der Mütter leiden an einer leichten oder schwereren Form dieser Störung.

Zögern Sie nicht, Hilfe zu suchen. Oft kann mit einigen wenigen Gesprächen in einer Familienberatungsstelle der innere Druck abgebaut werden. Allein, dass jemand da ist, der einen versteht, ist eine Erleichterung. Machen Sie sich rückblickend aber keine Vorwürfe, falls Sie jene Zeit eher dunkel erlebt haben. Ihr Kind hat nicht automatisch Schaden genommen, und Sie haben über diese Zeit hinaus mehr als genügend Gelegenheiten, um Ihr Kind zu lieben und zu ermutigen.

4.

Mütter am Limit

M utterschaft macht krank. Das kann man aus einer breit ange-legten Studie schließen, in der Wissenschaftler der *University of Washington* die schädlichen Folgen von Stress untersuchten. Die Professoren Thomas Holmes und Richard Rahe entwickelten eine Punkteskala, mit der man stressauslösende Situationen des täglichen Lebens ganz einfach messen kann. Alles wurde berücksichtigt: vom Tod des Ehepartners, der mit 100 Punkten bewertet wurde, bis zu positiven Erlebnissen wie großem persönlichem Erfolg; vom Streit mit dem Ehepartner bis zum Urlaubsstress; vom Ärger mit der Schwiegermutter bis zur Geburt eines Kindes. Das Resultat erstaunt nicht. Menschen, die mit mehreren Stressfaktoren gleichzeitig kämpfen, sind anfälliger für Krankheiten. Bei 150–199 Stresspunkten waren 37 Prozent, bei 200–299 Punkten schon 57 Prozent und bei über 300 Punkten sogar 79 Prozent der Probanden krank![17]

Viele Mütter befinden sich am Limit, denn sie gehören in die Risikogruppe derjenigen, die sich über der Gefahrenschwelle von

---

17 Bestimmen Sie Ihre eigene Stressskala auf: http://www.froschkoenige.ch/ schwerpunkt-stress-burnout/stress-skala

200 Punkten befinden. Sie sind vielen stresserzeugenden Veränderungen im körperlichen, seelischen und sozialen Bereich ausgesetzt. Kein Wunder, dass die Scheidungsrate bei Paaren mit kleinen Kindern erhöht ist, denn wie soll man mit solch überwältigenden Veränderungen im Familienleben fertigwerden? Die folgende Liste zeigt die unterschiedlichen Veränderungen, mit denen viele junge Mütter zurechtkommen müssen:

Veränderungen im Leben einer jungen Mutter

Veränderungen	Stresspunkte
Familienzuwachs	39
erhebliche Einkommensveränderungen	38
Spannungen in der Ehe	35
Anfang oder Ende der Berufstätigkeit der Ehefrau	26
Änderung persönlicher Gewohnheiten	24
Änderungen der Freizeitgewohnheiten	19
Änderung der gesellschaftlichen Gewohnheiten	18
Änderung der Schlafgewohnheiten	16
Änderung der Häufigkeit familiärer Kontakte	15
Summe	**230**

Aber nicht nur junge Mütter sammeln Stresspunkte. Auch für Frauen im mittleren Lebensalter steigt der Stresspegel. Die Ablösung der Kinder von zu Hause, die Zerreißprobe zwischen Kind und Beruf, körperliche Veränderungen wie die Menopause und Zeichen des Alters können zu einer tiefen inneren Krise oder Erschöpfung führen. Obwohl nicht jede Frau die einzelnen Veränderungen gleich intensiv erlebt, werden sie auch an sehr anpassungsfähigen Müttern nicht spurlos vorübergehen. Nicht nur Manager leiden an Burn-out, sondern auch Mütter begegnen ihrer Belastungsgrenze.

Mütter sind wahre Weltmeisterinnen im Bereich der Flexibilität. Während die Männer noch immer gradlinig durch das Leben gleiten und die Familie eher als Ergänzung zum Berufsleben ansehen, müssen sich Frauen tief greifenden Veränderungen stellen.

Rund um die Uhr

Die Ankunft des ersten Babys schlägt in manche Paarbeziehung ein wie eine Bombe. Die gleichförmige Routine, die geruhsame Zweisamkeit, der persönliche Freiraum – damit ist es jetzt vorbei. Stattdessen sind lange durchwachte Nächte die Regel. Das junge Elternpaar muss sein Leben neu erfinden.

Auf einer Internetplattform fasst die Hebamme und zweifache Mutter Anne Tschauner die Herausforderung für junge Mütter in folgende Worte: „Das, was den meisten Müttern, gerade in den ersten Monaten, richtig zu schaffen macht, ist der Schlafmangel. Schlafmangel ist echte Folter für Körper und Psyche und bei Müttern oft der Ursprung aller negativen Gefühle. Hat man zu wenig Schlaf, fehlt einem die Kraft für den Alltag mit dem Baby, man reagiert schnell gereizt, manchmal sogar aggressiv und will verständlicherweise ab und an einfach nur mal seine Ruhe. Ein schreiendes Baby beansprucht eine gereizte, völlig übermüdete Mutter komplett anders als diejenige, die erholt und ausgeglichen in den Tag starten kann." Sie weiß, wovon sie spricht, hat sie doch in ihrer 15-jährigen Praxis über 1500 Babys auf die Welt geholfen und die Mütter vor und nach der Geburt einige Monate lang betreut.[18]

Die Zeit daheim mit einem Kleinkind wird oft als stressig empfunden. Das Familienleben ist deutlich anspruchsvoller als ein Bürojob und manche Tage sind gepflastert mit jeder Art von Pannen.

18 Borrasc, N., Babyfrust: Wenn die ersten Monate nerven: http://www.urbia.de/magazin/baby/leben-mit-baby/babyfrust-wenn-die-ersten-monate-nerven, aufgerufen am 25. Nov. 2015.

Kleine Kinder produzieren am laufenden Meter Notfälle. Babys haben die Eigenschaft, dass sie im ungeeignetsten Zeitpunkt erbrechen, Kleinkinder steigern sich genau dann in einen Trotzanfall, wenn man in Eile ist. Da ist die geordnete Arbeit im Büro geradezu mit einem Urlaub zu vergleichen. Wenn dann noch der Ehemann fragt, was man den ganzen Tag so treibt, ist der Frust komplett.

Frauen sind in der ersten Zeit der Mutterschaft sehr eng mit ihrem Kind verbunden, gerade auch durch das Stillen. Trotzdem ist es wichtig, dass man sich nicht im Kind verliert und die eigenen Bedürfnisse dabei vergisst. Es ist keinesfalls ein Zeichen von Schwäche, wenn man sich zwischendurch hinlegt, sondern die richtige Reaktion auf eine neue Situation. Ein paar Stunden Schlaf können Wunder wirken. So kann es für eine junge Familie eine entscheidende Unterstützung bedeuten, wenn die Großeltern regelmäßig die Kinder hüten, damit die gestressten Eltern einmal richtig ausschlafen können. Hilfreich ist auch, wenn das Baby neben dem Stillen früh an die Flasche gewöhnt wird. So kann der Vater seine Frau entlasten und in ihrer Abwesenheit oder auch nachts abgepumpte Muttermilch füttern. Dies ermöglicht eine längere Atempause zum Schlafen oder um sich mit Freundinnen eine besondere Auszeit zu gönnen. Warum soll er die Familie nicht auch mal einen Tag lang managen können? Also nur keine Schuldgefühle entwickeln, wenn Sie sich Erholung gönnen!

Mutter oder Geliebte?

Die Ehebeziehung ist nach der Geburt vielen Änderungen unterworfen. Solange man kinderlos war, versorgte man gemeinsam den kleinen Haushalt, wobei meistens die Frau als gute Fee die Wohnung in ein gemütliches Heim verwandelte. Ihm gefiel das Gefühl, für seine Frau Nummer eins zu sein, und beide genossen miteinander die

Freiheiten der Jugend und des doppelten Einkommens. In diese Idylle bricht das Baby ein und fordert die Eltern und vor allem die Mutter Tag und Nacht. Vielleicht schläft es im Elternzimmer oder gar im Ehebett, damit die Mutter es jederzeit bequem stillen kann. Kein Wunder, dass der Mann sich vernachlässigt fühlt und sich leise die Eifersucht regt, wenn das kleine Wesen die ganze Zärtlichkeit und Kraft seiner Frau verbraucht. Auch später kann sich eine Mutter gefühlsmäßig sehr stark an ihre Kinder binden. Ihre täglichen *Streicheleinheiten* holt sie sich von ihren Kindern, anstatt von ihrem Mann. Diese überstarke Bindung an den Nachwuchs kann die Ehebeziehung stark belasten.

Auch die sexuelle Beziehung leidet unter der Ankunft eines Kindes. In der dumpfen Müdigkeit nach der Geburt fragt man sich, ob die erotische Beziehung je wieder so aufregend und zärtlich aufblühen wird, wie man sie in der Zeit der ersten Verliebtheit erlebte. Auch später können Kinder das sexuelle Leben der Eltern empfindlich stören. Da liegt man entspannt im Bett und genießt die gegenseitige Zärtlichkeit. Plötzlich pocht es leise an der Tür, und die Tochter schluchzt herzerweichend, weil sie nicht einschlafen kann. Und schon ist die Romantik verflogen. Und auch im Zusammenleben mit Teenagern können manchmal die Spannungen so groß sein, dass zärtliche Regungen gar nicht erst aufkommen. Der heftige Wortwechsel beherrscht noch die Gedanken, die Probleme legen sich schwer auf den Magen, und man ist froh, wenn man wenigstens im Bett seine Ruhe hat.

Für manche Frau ist es nicht einfach, wenn sie die Bedürfnisse ihres Mannes nach Intimität nicht befriedigen kann. Klärende Gespräche zwischen den Ehepartnern fördern das gegenseitige Verständnis und räumen Missverständnisse aus. Die Vorstellung eines erfüllten Sexuallebens muss angepasst werden. Die intime Zeit zu zweit ist vielleicht kürzer als früher, aber nicht minder liebevoll.

Aus Rücksicht auf die allgegenwärtige Müdigkeit der jungen Eltern sind die Gelegenheiten weniger häufig. Oftmals muss man sich richtiggehend dazu verabreden, bringt die Kinder früher ins Bett und gönnt sich als Paar einen früheren Feierabend. Viele Paare planen regelmäßig einen Abend als Paar und stärken damit ihre Liebesbeziehung. Dies muss nicht kostspielig sein: ein kurzer Spaziergang, wenn die Kinder schlafen, gemeinsam noch einen Kaffee trinken, statt den Fernseher anzuschalten, gemeinsam die Lieblingsmusik anhören, miteinander ein Buch lesen, ein gemeinsames Hobby pflegen und vieles mehr.

Zusätzlich lohnt es sich sehr, hin und wieder ein entspanntes Wochenende zu zweit zu genießen. Warum sollte man sich nicht von den Eltern statt Geschenken ein freies Wochenende wünschen? Davon profitieren auch die Kinder. Eine liebevolle Beziehung zwischen Mama und Papa gleicht einem Schirm, der sich über die Kinder spannt und sie vor den Stürmen des Lebens schützt.

Ein regelmäßiger Babysitter, etwa ein Nachbarmädchen, ist die wichtigste Investition, die ein Paar tätigen kann. Da wartet man lieber auf die neuen Polstermöbel oder den Teppich ein wenig länger. Die werden durch die Kinder eh strapaziert.

Wenn Kinder eigene Wege gehen

Das Wachstum der Kinder bringt viele Veränderungen mit sich. Die Kinder werden selbstständig, brauchen nicht mehr so viel Aufsicht, planen ihren Tag selbst. Mit Freude bemerkt man, wie sie immer differenzierter denken, sich auch in die Position der Eltern einfühlen können und schließlich von abhängigen Kindern zu ebenbürtigen Freunden werden. Die Ablösung von den Kindern verläuft jedoch nicht immer reibungslos, sondern sie und ist oft ein nervenaufreibender und kräftezehrender Prozess. Denn auf dem Weg zur Selbständigkeit stolpert man immer wieder über Unsicherheiten,

Spannungen und Aggressionen. Außerdem gehört zu einer gesunden Ablösung oft eine Phase der inneren Abkehr von den Eltern. ihre Meinung, ihre Werte und Überzeugungen werden gnadenlos hinterfragt. Verurteilt. Abgelehnt.

Die Sonntage mit gemeinsamem Kirchenbesuch sind vielleicht für einige Zeit vorbei und das Teilnehmen am Tag der offenen Tür in der Schule wird strengstens untersagt. Man müsste sich ja sonst für die *Grufti-Eltern* vor den anderen schämen. Diese Abkehr, die glücklicherweise oft nach wenigen Jahren vorbei ist, schmerzt. Man kann es kaum verkraften, dass aus dem heimwehkranken Mädchen, das kaum eine Woche in den Ferien verkraftete, eine selbstbewusste junge Frau geworden ist, die plötzlich alles Schöne vergessen zu haben scheint und nur noch auf den Fehlern der Mutter herumhackt. Der Junge, der früher wegen jeder kleinen Schramme weinend in Mamas Arme lief, schweigt nun beharrlich, wenn man auch nur das Bruchstück einer Information aus ihm herausklauben möchte. Dieser Wechsel tut weh. Plötzlich ist man nicht mehr der unentbehrliche Mittelpunkt des Familienlebens, sondern nur noch für die Serviceleistungen in Haus und Küche gut.

Und dann wird es plötzlich still im Haus

Das Leben einer Mutter verläuft nicht in einer geraden Linie. Immer wieder gilt es, sich auf einen neuen Lebensabschnitt einzustellen. Denn kaum hat man sich glücklich an die Mutterpflichten gewöhnt, fliegen die Kinder schon wieder aus. Das Loslassen der Kinder ist mindestens genauso schwierig wie die erste Zeit nach der Geburt. Da hat man alles in die Kinder investiert, hat auf manches verzichtet und das Leben nach ihnen ausgerichtet, und plötzlich sind sie weg. Man ist teilweise arbeitslos geworden.

In Gedanken begleitet man sie Tag für Tag. Man sorgt und freut sich mit ihnen und bleibt bis zum letzten Atemzug ihre Mutter.

Aber das Leben ist etwas weniger farbig geworden, an die Mahlzeiten ohne Unterbrechungen muss man sich erst gewöhnen und der Haushalt ist beängstigend ordentlich. Wehmütig blättert man die Fotoalben im Handy durch, erinnert sich an die frohen Spieleabende in den Ferien und an die Streiche der Kinder, die man erst jetzt lustig findet. Was war das für ein Leben!

Vor allem für Vollzeitmütter ist der Abschied von den Kindern nicht leicht. Sie müssen ihr Leben wieder neu beginnen. Voller Hoffnung versuchen sie einen Wiedereinstieg ins Berufsleben und stellen ernüchtert fest, dass *ältere* Frauen, das heißt über Vierzigjährige, von der Wirtschaft nicht mit offenen Armen empfangen werden. Hilfe kann man von außen nicht erwarten. Im Gegenteil: Lakonisch heißt es dann, man sei selber schuld, man hätte sich eben beständig weiterbilden und nicht völlig aussteigen sollen. *„Ich bin mir selbst abhandengekommen",* beschrieb eine 50-jährige Mutter dieses fade Gefühl.

Aber auch berufstätigen Müttern fällt das Durchtrennen der seelischen Nabelschnur zum Kind nicht leicht. Eine Lehrerin beschrieb es so: *„Auch wenn ich nicht ständig mit meinem Kind zusammen war, bin ich eine ‚Glucke'. Ich möchte weiterhin alles von ihm wissen und Teil seines Lebens sein."*

Kinder verändern das Leben ihrer Eltern nachhaltig – positiv und negativ. Für die einen bilden sie den Kitt und Inhalt ihrer Beziehung, für andere sind sie der Beginn des Auseinanderdriftens. Über Jahre hinweg verbündet sich die Mutter möglicherweise immer stärker mit den Kindern und diese ersetzen ihr die Liebe des Ehemannes. Wenn dann die Kinder aber das Elternhaus verlassen, erkennt sie, wie inhaltslos ihre Ehe geworden ist.

Wenn das Schicksal zuschlägt

Jede Familie hat eine Bürde zu tragen. Ich erlebte den ersten Einbruch von Angst und Schmerz am Vorabend des vierten Geburtstags von Lukas, unserem ältesten Sohn. Nie mehr werde ich vergessen, wie mein Mann mich ins Badezimmer rief und mich auf die vielen blauen Flecke auf seinem Körper aufmerksam machte. „Irgendetwas stimmt da nicht", vermutete er als junger Arzt, und noch am selben Abend blätterte er in seinen medizinischen Fachbüchern. Hatte unser Junge eine Leukämie oder sonst eine Blutkrankheit? In den folgenden Tagen schoss mein Mann ungewöhnlich viele Fotos von unserem geliebten Knirps. Als Andenken, falls wir Lukas verlieren würden, vertraute er mir später an. Der Kinderarzt musste dann leider die Vermutung meines Mannes bestätigen: Lukas hatte eine seltene Blutplättchen-Armut. Täglich mussten wir nun mit ihm zur Blutprobe und täglich warteten wir voller Angst und Spannung auf den Befund. War der Blutwert noch schlechter und wurde damit eine intensive Behandlung im Krankenhaus unumgänglich? Ein halbes Jahr lang mussten wir das kleine Energiebündel möglichst ruhig halten, denn jeder stärkere Schlag erhöhte das Risiko innerer Blutungen. Das war leichter gesagt als getan! Glücklicherweise kam dann die Entwarnung: Die Krankheit hatte den günstigsten Verlauf genommen und wuchs sich gänzlich aus.

Veränderungen sind Chancen zum Wachstum

All diese Veränderungen und auch Herausforderungen erlebt fast jede Frau. Kleine oder größere Verlusterlebnisse bleiben uns nicht erspart. Die Reaktionen darauf sind sehr unterschiedlich. Manche Mütter sehen sie als Herausforderung, an denen sie ihre Kräfte messen können. Andere fühlen sich überrollt, überfordert und enttäuscht.

Aber das Überwinden von Schwierigkeiten kann auch zu innerem Wachstum führen. Beatrice, die immer wieder durch ihre Tochter, die an Epilepsie leidet, herausgefordert wird, beschreibt das so: *„Ich kann mich durch die Probleme, die wir selbst durchmachen, besser in andere hineinversetzen: in Familien, die Probleme haben, die mit einer schwierigen Situation fertigwerden müssen oder die mit unerfüllten Wünschen leben müssen. Ich kann andere besser verstehen und mit dem Herzen dabei sein, wenn sie es schwer haben, denn ich weiß, was bei ihnen abläuft. So habe ich gute Gespräche. Wenn ich nicht selbst Schweres durchgemacht hätte, könnte ich nur mit dem Kopf verstehen, aber nicht mitfühlen."*

Der Platz in der Gemeinschaft der Leidenden ist nicht heiß umkämpft. Aber zu dieser Gemeinschaft gehören ganz besonders wertvolle Menschen, die in allen Schwierigkeiten Geduld, Ausdauer und opferbereite Liebe gelernt haben. Letztlich sind es nicht nur die Veränderungen, die unser Leben beeinflussen, sondern die Art, wie wir sie verarbeiten.

Veränderungen sind normal

Wenn man in einer schwierigen Situation steckt, hat man oft das Gefühl, man sei die einzige Person, die das erlebt. Viele der bereits beschriebenen Veränderungen erleben aber die meisten Frauen. Es tut gut, wenn man offen darüber reden kann. Veränderungen gehören zum Leben dazu. Die einen sind voraussehbar und man kann sich innerlich auf sie vorbereiten. Andere überfallen einen plötzlich ohne jede Vorwarnung. Wenn man über die unweigerlich kommenden Veränderungen informiert ist und weiß, dass sie zu jedem Frauenleben gehören, wird man anders empfinden, als wenn man meint, man sei die Einzige, die von ihnen betroffen ist. Sie wirken weniger bedrohlich, und man fühlt sich weniger als Versagerin, wenn man sie als Teil des Lebensschicksals einordnen kann.

Veränderungen brauchen Kraft

Alles Neue in unserem Leben zehrt an den Kräften, erfordert Anpassung und Gedankenarbeit. Neue Lebensabschnitte zu erreichen, heißt, von Geliebtem und Gewohntem Abschied zu nehmen und es loszulassen. Nichts ist so schwer, wie etwas loszulassen, bevor man weiß, wie die leeren Hände wieder gefüllt werden können.

Es hat nichts mit Schuld oder Versagen zu tun, wenn man in einer Zeit des Umbruchs müde, gereizt und abgeschlagen ist. Man spürt nur die normalen Folgen der seelischen Verarbeitung von ungewohnten Erfahrungen, die zusätzlich zum normalen Programm des Alltags bewältigt werden muss. Es ist kein Zeichen der Schwäche, wenn man sich mehr Ruhe gönnt, mehr schläft oder auch einmal Zuflucht bei Beruhigungstee oder Stärkungstropfen sucht. Geben Sie sich Zeit für die Verarbeitung von Veränderungen. Gönnen Sie sich etwas Gutes, das Ihre Seele stärkt.

Die Gegenwart genießen

Die Zeit vergeht so schnell. Wenn wir die Entwicklung der Kinder betrachten, fliegt sie regelrecht. Als Mutter von kleinen Kindern konnte ich nie richtig verstehen, warum mir erfahrene Mütter rieten, ich solle diese Zeit richtig genießen. Tatsächlich werden die Kinder nie wieder so anhänglich sein, nie wieder so drollige Antworten geben, sich nie wieder so kuschelig in die Arme schmiegen. Das Geheimnis des Glücks heißt nicht, irgendwann einmal entspannt und fröhlich zu sein, sondern in der Gegenwart jeden kleinen Funken Glück zu entdecken und zu genießen.

Kürzlich waren meine zwei Enkelkinder ein paar Tage bei uns in den Ferien. Jeden Abend bat ich sie, Dinge zu nennen, für die sie Gott danken könnten. An einem Tag hatten sich die Pannen gehäuft: Der Kleine verpasste die Toilettenschüssel und machte sein Geschäft daneben, das Mädchen ließ einen Blumentopf fallen, das

Essen brannte an, es regnete und wir konnten nicht auf den Spielplatz gehen. Abends fiel Ann-Sophie nichts Positives ein. Schließlich meinte sie: „Aber wir haben uns trotzdem lieb." Damit hatte sie wohl den Kern getroffen. Glücklich sein heißt, jeden Tag nach Edelsteinen zu suchen, die im Müll des Alltags versteckt sind. Es gibt wohl kaum einen Tag, an dem man nicht für irgendetwas Positives dankbar sein kann.

Veränderungen öffnen mich für Gottes Hilfe

Veränderungen sind eine Chance zum Wachstum, zum Kennenlernen der eigenen Möglichkeiten und Schwächen und zum Einüben des Vertrauens auf Gott. Edelsteine entfalten ihren strahlenden Zauber erst, wenn sie fein und exakt geschliffen werden. Und wie bei der Bearbeitung von Edelsteinen geben Veränderungen unserem Leben oftmals den entscheidenden Schliff. Erst in Schwierigkeiten merken wir, was wirklich in uns steckt. Erst, wenn wir schwach sind, entdecken wir, wie stark uns Gottes Liebe trägt.

Der Apostel Paulus musste viele Veränderungen in seinem Leben verkraften. Auf seinen Missionsreisen durch den Nahen Osten wurde er verfolgt, er überlebte einen Schiffbruch auf dem Mittelmeer und den Biss einer giftigen Schlange. Er fasste seine Erfahrungen in die bewegenden Worte: „Ich habe gelernt, mich in jede Lage zu fügen. Ich kann leben wie ein Bettler und auch wie ein König; mit allem bin ich vertraut. Ich kenne Sattsein und Hungern, ich kenne Mangel und Überfluss. Allem bin ich gewachsen, weil Christus mich stark macht."[19] Glücklicherweise werden wir nicht in dem Maße gefordert wie Paulus. Doch auch wir kennen Zeiten, in denen wir uns als Königinnen in unserem kleinen Reich fühlen und um nichts in der Welt tauschen möchten. Dann gibt es Momente, da sind wir

---

19 Philipper 4,11–13 (GN).

ernüchtert, ausgebrannt, leer und fühlen uns wie Bettler. Mütter leisten Erstaunliches: Sie überstehen den Schlafentzug der Kleinkinderjahre, bewältigen die Trotzphasen des Dreikäsehochs, füllen die Lücken des fehlenden Schulstoffes der Schulkinder und bleiben cool in den Stürmen der Pubertät. Eine Mutter beschrieb dies einmal so: *„Als Mutter gehst du durch Höhen und Tiefen. Mir hat es stets geholfen, dass ich mich von Gott geliebt weiß, auch wenn ich hin und wieder versage, und dass ich stets mit seiner Kraft rechnen kann."*

5.

Wenn Kinder
aus der Reihe tanzen

Hätte ich nie geliebt, dann hätte ich nie geweint", so sangen es Simon & Garfunkel in dem sentimentalen Lied *I'm A Rock*. Liebe ist die Schwester des Leides, das erleben alle Eltern. Während unzähliger Momente der Nähe, der Zärtlichkeit und der Verbundenheit bereichern die Kinder unser Leben. Aber besonders starke Liebesbande können sich auch in bittere Tränenströme verwandeln.

Schwierigkeiten können uns ganz plötzlich und ohne Warnung überfallen. Katja erlebte dies so: *„Bis vor einem Jahr hatte ich keine größeren Probleme mit meinem Sohn. Er war ein recht guter Schüler und fand eine gute Lehrstelle bei einer Bank. In der Freizeit spielte er begeistert Fußball und er galt als umgänglicher, netter Junge. Der Albtraum begann im zweiten Lehrjahr. Hinter meinem Rücken schwänzte er die Berufsschule. Schließlich waren seine schulischen Lücken so groß, dass er die Lehre abbrechen musste. Nun liegt er tagsüber daheim im Bett und nachts treibt er sich in der Stadt herum. Wenn ich ihn darauf anspreche, wirft er mir vor, ich würde ihn immer nur kritisieren. Ich kann so nicht mehr weitermachen!"*

Die Verzweiflung dieser Mutter war mit Händen regelrecht greifbar. Schließlich fand sie einen Psychotherapeuten für ihren Sohn. Aber auch hier musste sie darum kämpfen, dass ihre Stimme gehört wurde, denn sein erster Rat lautete, den Sohn in Frieden zu lassen. Zwischen den Zeilen hörte sie heraus, dass sie in seinen Augen eine dieser typischen überbesorgten Mütter sei, die ihre Kinder nicht loslassen können. Erst, als sie bei ihrem Sohn eine größere Menge Cannabis fand, wurde dem Therapeuten klar, dass diese Mutter berechtigten Grund zur Sorge hatte.

Vorwürfe sind wohl das Letzte, was man braucht, wenn Kinder aus der Reihe der Wohlerzogenen und Erfolgreichen tanzen. Eine Mutter drückt ihr Empfinden so aus: *„Ich finde es nicht richtig, dass man der Mutter Schuld zuweist, denn sie muss schließlich stark sein, um ihr Kind zu begleiten. Wenn man sie zu sehr kritisiert, verliert sie ihre innere Stütze und hat dann noch mehr Probleme zu bewältigen."*

Schwierige Kinder – schwierige Eltern?

Leider geraten Eltern mit einem schwierigen Kind nur zu oft selbst unter Druck, indem ihnen vorgeworfen wird, sie hätten es falsch erzogen. Natürlich wird dieser Verdacht nicht offen ausgesprochen – wir sind ja schließlich höfliche Menschen. Nein, man denkt sich einfach seinen Teil. Ein Kind ist laut und aggressiv in der Schule? Das wird zu Hause bestimmt verwöhnt! Eine Jugendliche hängt in der Drogenszene herum? Das kommt davon, dass die Mutter zu wenig Zeit für ihre Kinder hat. Kennen Sie nicht auch diesen Reflex?

Die Epidemie der starken mütterlichen Schuldgefühle fordert erst seit etwa hundert Jahren ihre Opfer. Den Keim dafür pflanzte der berühmte Psychoanalytiker Sigmund Freud, indem er lehrte, dass die ersten Lebensjahre die prägende Zeit für die Formung der Persönlichkeit seien. Jeder Fehler bei der Betreuung eines Säuglings, jede gefühlsmäßige Ablehnung, jedes Verlassen des Babys könne tief greifende Verletzungen (Traumata) an dessen Psyche verursachen. Doch wer betreut in dieser so entscheidenden Zeit die kleinen Erdenbürger? Die Mütter! Also ist ihr Fehlverhalten die Ursache für alle möglichen später auftretenden Probleme, folgerten die Fachleute in der Psychologie.

Deshalb konzentrierte man sich über Jahre hinweg auf den möglicherweise schlechten Einfluss der Mutter. Die Person, die am meisten für ihr Kind opfert, die am engsten mit ihm verbunden ist und die trotz aller Schwierigkeiten in der Regel ein Leben lang zu ihm steht, wurde zur Hauptverdächtigen, wenn Störungen auftreten. Welche Ironie!

Eine Studie der Psychologin Paula J. Chaplan bestätigte dieses Denken leider eindrücklich. Um herauszufinden, wie Experten die Rolle der Mutter bei verschiedenen kindlichen Entwicklungsstörungen deuten, untersuchte sie 125 Fachartikel. Ihr Ergebnis: „Wir fanden, dass die im Bereich der psychischen Gesundheit arbeitenden Fachleute unabhängig von Geschlecht und Tätigkeit allesamt gerne der Mutter die Schuld geben. In den von uns untersuchten Artikeln wurden die Mütter für 72 verschiedene Problemfelder ihrer Sprösslinge verantwortlich gemacht. Vom Bettnässen bis zur Schizophrenie, von Lernproblemen bis zur Transsexualität, von Magersucht bis Kriminalität gab es einen gemeinsamen Hauptgrund: das Fehlverhalten der Mutter. In keinem Artikel wurde die Mutter-Kind-Beziehung als gesund oder nur in positiven Worten beschrieben." Diese geballte Ladung von fachlichem Tadel, die vor allem an die Adresse von Müttern mit Sorgenkindern geht, hinterlässt ihre Spuren im Seelenleben der Mütter. Zusätzlich zur Last der Verantwortung und den erhöhten Anforderungen durch ihr Kind werden sie mit Vorwürfen und Schuldzuweisungen überhäuft.

Bestimmen unsere Mütter unser Schicksal?

Glücklicherweise hat sich die psychologische Forschung in den letzten 100 Jahren weiterentwickelt. Heute denkt man ganzheitlicher und untersucht verschiedenste äußere und innere Kräfte, die eine gesunde Entwicklung von Kindern fördern. Die folgende Tabelle zeigt, was alles am Charakter Ihres Kindes schleift und es zu dem Menschen formt, den Sie kennen und lieben. Als Eltern stehen wir zwar an vorderster Front bei der Betreuung unserer Kinder, aber wir dürfen unseren Einfluss auch nicht überschätzen, denn wir sind glücklicherweise nicht ihr alleiniges Schicksal. Diese Erkenntnis ist erleichternd und ernüchternd zugleich.

Verschiedene Einflüsse zur Entwicklung der Persönlichkeit

1. Vererbung und körperliche Ausstattung
2. Das Umfeld wie Eltern, Geschwister, weitere Familienangehörige, Nachbarschaft und Freunde, soziale Schicht, Medien, Schule und Lehrkräfte, Freunde des Kindes (und Gegenspieler)
3. Eigene Entscheidungen

Im Zeitalter der Gentechnik wird mit großen Budgets an der Entschlüsselung unseres Erbguts geforscht. In einem Onlineartikel zum Thema *Wie der Vater, so der Sohn, oder doch ganz die Mutter* wird folgendermaßen darüber berichtet: „Robert Plomin, Professor am Institut für Psychiatrie am Londoner King's College, beschäftigt sich seit über 30 Jahren mit der Vererbung menschlicher Eigenschaften, und er gilt als einer der renommiertesten Verhaltensgenetiker weltweit. Plomin ist sich sicher, dass bestimmte Persönlichkeitsmerkmale, Charisma und vor allem auch Intelligenz in gewisser Weise erblich sind. Eltern, so rät er, müssten dementsprechend verstehen und manchmal auch einsehen, dass die Stärken und Schwächen ihrer Kinder teilweise an genetischen Unterschieden liegen. Das Beste sei, sich als ‚Manager der Ressourcen‘ zu sehen."[20] Im winzigen Neugeborenen schlummern also schon sehr viele seiner Eigenschaften. Durch eine liebevolle Begleitung schaffen wir ideale Voraussetzungen für deren Entfaltung, trotzdem sind wir nicht die Schöpferinnen der Kinder. Vieles ist durch die Gene vorgespurt, wie die Augenfarbe, der Körperbau und die Anlage des Charakters.

Aber leider sind noch längst nicht alle diese Erkenntnisse an der Basis der Erziehenden in Elternhaus und Klassenzimmer angekommen. Ein bekannter Professor der *Harvard Medical School* schrieb einmal: „Zu oft wissen Eltern (und Lehrkräfte oder andere, die mit Kindern arbeiten) nichts über die biologische oder genetische Ursache des Verhaltens ihres Kindes. So geben sie sich oder dem Kind unnötigerweise die Schuld und sind dadurch nicht in der Lage, dem Kind die richtige Unterstützung zu gewähren. Damit Eltern und Kindern geholfen wird, muss man die Ursachen für die Gefühle und Verhaltensweisen kennen."[21]

Neben den körperlichen Anlagen ist *das Umfeld* stark an der Entwicklung der Kinder beteiligt. Und hier lauert bereits die zweite *Hiobsbotschaft* für die Theorien der Tiefenpsychologie: Die Umwelt besteht nicht nur aus der Mutter. Selbst wenn Kinder in derselben Familie aufwachsen, teilen sie nur beschränkt dasselbe Umfeld. Die soziale Schicht, die Wohnumgebung, die nahen Verwandten, das Gesprächsklima daheim und der Erziehungsstil der Eltern sind zwar gleich. Doch jedes Kind macht innerhalb und außerhalb der eigenen

---

20 http://www.t-online.de/eltern/erziehung/id_50325588/wie-der-vater-so-der-sohn-oder-doch-ganz-die-mutter-.html, aufgerufen am 26.05.2016.
21 Hallowell, E., When You Worry About the Child You Love. Simon & Schuster, New York 1996.

vier Wände ganz persönliche Erfahrungen: ein bestimmter Vorfall während der Embrionalentwicklung, eine ungesunde Freundschaft, ein abweisender Lehrer, eine Kündigung im ersten Job, eine unglückliche Liebe, eine schwere Krankheit ... Der Einfluss der individuellen Erlebnisse ist enorm groß und steht oftmals außerhalb der Einflussmöglichkeiten der Eltern.

Doch unser Kind ist diesen Einflüssen aus seiner Umgebung nicht hilflos ausgeliefert. Seine Persönlichkeit wächst durch eine Art Pingpongspiel zwischen seinen Erbanlagen und seinem Umfeld. So lockt zum Beispiel ein Kind mit seinem Temperament bestimmte Verhaltensweisen bei den Eltern hervor: Jämmerliches Weinen fördert Zuwendung; wütendes Schreien entfacht Ärger; ängstliches Zurückweichen führt zu Überbehütung ... Eine Gruppe finnischer Wissenschaftler untersuchte genau diesen Zusammenhang, indem sie die mütterlichen Gefühle angesichts ihres weinenden Babys analysierte. Dabei stellte sich heraus, dass die 281 befragten Mütter das Weinen ihres Säuglings unterschiedlich erlebten. Bei vielen weckte es ein Gefühl der Fürsorge, aber auch der Sorge. Jede fünfte Mutter fühlte sich jedoch im Umgang mit dem kleinen Erdenbürger überfordert und wünschte sich Hilfe. Bei ihnen löste das Geschrei ihres Kindes eher Gefühle der Irritation, der Angst und des Versagens aus.[22]

Neben den Erbanlagen, die einen Großteil unserer Persönlichkeit beeinflussen, gibt es noch einen weiteren Faktor, der das Verhalten unserer Kinder prägt, und das ist ihr von Gott geschenkter *freier Wille*, der es ihnen ermöglicht, ihrer Umgebung auf ihre eigene Art zu begegnen. Jedes Kind entwickelt seine persönliche Strategie, um sich seinen Eltern und Geschwistern gegenüber zu behaupten. Ein Junge wählt vielleicht aktiv aggressive Verhaltensweisen, während

---

22 Michelsson K. in Early Child Development and Care, 1990.

71

seine Schwester sich die Zuwendung als strahlendes Sunnygirl sichert oder sich als bemitleidenswertes Opfer Unterstützung holt.

Überleben im Sturm

Jede Familie steht irgendwann vor ungeplanten Herausforderungen. Manchmal entstehen sie durch das Fehlverhalten der Kinder oder auch der Eltern. Besonders ohnmächtig fühlt man sich, wenn das geliebte Kind keine Einsicht zeigt und unbeirrt dem Abgrund entgegentaumelt. Letztlich kann man sein Kind nicht in die Schule prügeln, man kann es nicht 24 Stunden am Tag überwachen, um seinen Cannabiskonsum zu verhindern, und man kann es auch nicht von schlechten Freunden fernhalten. Auch die Begrenzungen eines Kindes können Eltern zu schaffen machen, wenn sie erleben müssen, dass ihr Kind nicht so geworden ist, wie sie es sich erträumt haben. Krankheiten wie Diabetes oder Epilepsie, Lern-, Ess- oder Schlafstörungen können mit Wucht in den friedlich dahinplätschernden Alltag einbrechen. Auf dem Weg zur Bewältigung einer schwierigen Situation durchleben Eltern die folgenden Phasen, bis sie schließlich zu einem neuen Gleichgewicht finden.

A) Gefangen im Schock

Der lange Weg zur Bewältigung des Problems beginnt mit einem Schock. Man kann es nicht glauben, dass diese Schwierigkeiten da sind, man ist benommen, überwältigt, fassungslos. Es tut ungeheuer weh, wenn man erfahren muss, dass ein Kind womöglich nicht mit einem funktionierenden Körper aufwachsen kann, dass es wegen seiner schulischen Misserfolge in seinen Berufschancen eingeschränkt wird oder dass es sich durch sein Verhalten seine Zukunft verbaut.

Ein verzweifelter Vater gestand mir einmal verschämt: *„Manchmal wäre es beinahe leichter, einen Tod zu verkraften, als ein geliebtes*

Kind im Elend versinken zu sehen. Es wäre einfacher für mich, wenn Tanja tot wäre, denn ich kann es kaum aushalten, daran zu denken, dass sie sich tagtäglich auf dem Drogenstrich selbst zerstört."

Die Mutter von Tanja erlebte die Situation so: *„Ich konnte nicht mehr gut schlafen. Beständig kreisten meine Gedanken um meine Tochter: beim Kochen, beim Abwaschen, beim Waschen. Ich war wie blockiert. Für meine normale Hausarbeit brauchte ich viel mehr Zeit. Jeder Handgriff schien unendlich viel Kraft zu kosten.*"

Zuerst einmal spielt der Körper verrückt: Die Verarbeitung von Problemen ist Schwerstarbeit. Ganz normale Tätigkeiten verschlingen plötzlich doppelt so viel Kraft wie vorher. Müdigkeit wird zur ständigen Begleiterin. Kopfschmerzen, Schwindel, Magen- oder Herzschmerzen sind äußere Symptome der inneren Anspannung. Die Sorgen liegen wie ein erdrückender Stein auf dem Magen und vertreiben den Appetit. Vielleicht passiert auch das Gegenteil, und man versucht, mit Unmengen von Süßigkeiten das innere Loch zu stopfen.

Dann sind die Gefühle chaotisch: Viele Menschen sind in diesem ersten Abschnitt der Verarbeitung empfindsamer als normal. Bei den kleinsten Spannungen steigen die Tränen hoch. Die harmloseste Auseinandersetzung bringt sie aus der Fassung. Ein Kind, das von der Norm abweicht, trennt schließlich die Eltern von der großen Masse. Was soll man den anderen sagen? Muss man sich und das Kind rechtfertigen? Man fürchtet sich vor unliebsamen Zusammenstößen und so bleibt man lieber in dem geschützten Rahmen der Familie. Bei jedem Problem sucht man fast automatisch nach den Schuldigen. Hätte ich etwas besser machen können? Habe ich etwas unterlassen?

Die ständige Beanspruchung durch ein schwieriges Kind führt manchmal zu unüberlegten elterlichen Reaktionen, die einem dann später wieder leidtun. Die Stimmung kann zur Wut kippen, gegen die unfähigen Lehrer, die grausamen Schulkameraden, den Ehemann, das Kind oder ganz allgemein gegen das ungerechte Schicksal. Es verschafft kurzfristig ein Gefühl der Erleichterung, wenn man einen Sündenbock findet, der an allem schuld ist.

B) Die Suchphase

Nach dem Schock beginnt das Suchen als erste Phase des aktiven Handelns. Die Eltern versuchen herauszufinden, was mit ihrem Kind, mit ihrer Familie und mit ihnen selbst los ist. Durch dieses *Suchen* wachsen langsam Kräfte und Fertigkeiten, die sie nie für möglich gehalten hätten. Das anfängliche Gefühl der Panik und der Ohnmacht weicht der Sicherheit, die nur durch Erfahrung entsteht.

Es gibt zwei Ebenen des Suchens. Auf der äußeren Ebene sucht man Antworten auf die Frage: „Was fehlt meinem Kind und wie kann es behoben werden?" Die innere Ebene ist geprägt von der Frage: „Was bedeutet das für mich?" Doch betrachten wir zunächst einmal die äußere Suche:

Die Suche nach der Diagnose: Für manche Eltern ist die Diagnose wie ein Urteil, das all ihre Hoffnungen zerstört. Nun müssen sie sich mit der unbarmherzigen Wahrheit über den Zustand ihres Kindes auseinandersetzen und eventuell damit abfinden. Die Diagnose kann aber auch Erleichterung bewirken, denn nun weiß man, in welche Richtung man gehen muss.

Die Suche nach Fachwissen: Mütter von Sorgenkindern entwickeln sich oft zu wahren Spezialistinnen. Sie lernen die kompliziertesten Fachbegriffe, lesen jeden verfügbaren Artikel im Internet zum Thema oder informieren sich in Selbsthilfegruppen. Dieser Informationshunger hilft, Unsicherheiten und Ängste zu bewältigen, und ist eine Vorbereitung, um kommende Entscheidungen besser treffen zu können. Zögern Sie also nicht, dem Arzt, der Schulpsychologin, der Lehrperson all die Fragen zu stellen, die Sie umtreiben.

Die Suche nach professioneller Hilfe: Auf der Suche nach Hilfe hört man oft sich widersprechende Meinungen. Die einen haben mit einer Therapie gute Erfahrungen gemacht, andere raten dringend davon ab. Es gibt keine hundertprozentige Methode, keinen risikofreien Eingriff, keine Erfolgsgarantie. Jedes Kind reagiert anders, und man kennt seine Reaktion erst, wenn man etwas ausprobiert hat. Bringen Sie Ihr Kind nur zu jenen Therapien, die Sie innerlich mittragen können, und sorgen Sie dafür, dass Ihr Kind noch Kind sein darf und die kleinen Freuden der Kindheit genießen kann.

Die Suche nach der richtigen Entscheidung: Die Begleitung eines Sorgenkindes stellt Eltern vor unumgängliche Entscheidungen. Soll ein Eingriff vorgenommen werden? Muss die Einweisung in eine spezielle Förderung oder ein Klassenwechsel beantragt werden? Soll das Kind Medikamente einnehmen? Soll ich den Umgang mit den *schlechten* Freunden verbieten? Entscheidungen brauchen Kraft, der Erfolg ist nicht garantiert, wie immer man auch entscheidet. Lassen Sie sich deshalb Zeit dafür. Breiten Sie die unbeantworteten Fragen im Gebet vor Gott aus.

Und nun noch ein paar Aspekte des inneren Suchens: Das Erleben von größeren Problemen kann auch bei Menschen, die im Glauben verwurzelt sind, tiefe Verunsicherungen auslösen. Neben all den Fragen nach der körperlichen und sozialen Entwicklung des Kindes bohren auch zweifelnde Gedanken: Warum lässt Gott dieses schwierige Problem zu? Warum hat er mein Kind nicht vor dem schlechten Einfluss bewahrt? Warum hat er nicht verhindert, dass es zu dieser inkompetenten Lehrerin kam? Habe ich zu wenig gebetet? Straft uns Gott, weil wir uns von ihm abgewendet haben?

Die Antwort auf all diese Fragen findet man oft nicht über Nacht. Menschen, die eine schwierige Zeit durchgemacht haben, berichten, dass sie nach einer Zeit des Zweifels und des Fragens zu einem reiferen Glauben gefunden haben. Haben Sie also Geduld, bis Sie Ihr

Lebensmosaik wieder neu zusammengesetzt haben. Vielleicht müssen die einzelnen Steine noch geschliffen werden, bis sie genau zueinanderpassen.

C) Die Normalisierungsphase

In der dritten Phase verläuft das Leben wieder ruhiger, vorhersehbarer, entspannter. Man ist zwar immer wieder mit Suchen beschäftigt, und hin und wieder wird man von den Gefühlsstürmen der ersten Phase bedrängt, aber man ist ihnen nicht mehr ausgeliefert. Nun gliedert man die Bedürfnisse des Sorgenkindes in den Alltag ein und das Familienleben gewinnt an Stabilität und Ruhe.

Die Definition von normal verändert sich: Das Familienleben ist nicht *normal* in dem Sinne, wie man sich das einmal vorgestellt hat. Die neue Normalität hat wahrscheinlich ein anderes Gesicht als jene der Nachbarn und Freunde. Dazu können ein relativ großer Zeitaufwand für Fahrten zu einer speziellen Therapie gehören, ein regelmäßiger Lebensstil, damit das hyperaktive Kind zur Ruhe kommt, Besuche bei Ärzten oder Therapeuten, stundenlanges Lernen zur Überwindung einer Legasthenie, das Einhalten einer bestimmten Diät und vieles mehr.

In der Einförmigkeit eines solchen Alltags kann man aber durchaus auch Sternstunden erleben. *„Ich habe ein Wunder erlebt"*, erzählte *mir eine Mutter mit leuchtenden Augen. „Mein Sohn kann plötzlich lesen! Wir wussten kaum noch weiter, denn Max, unser Drittklässler, konnte einfach keine längeren Wörter lesen. Wir hätten ihn schon beinahe in der Sonderförderung angemeldet, da machte er in den Weihnachtsferien plötzlich einen Entwicklungsschub. Er liest zwar noch stockend, aber wenigstens kann er den Inhalt verstehen. Nun ist die Lehrerin wieder bereit, ihn weiter in ihrer Klasse zu unterrichten."* Max' Schulprobleme waren zwar noch längst nicht gelöst, aber seiner Familie erschienen sie nicht mehr bedrohlich und unlösbar.

Unrealistische Erwartungen aufgeben: Durch all diese Erfahrungen kann schließlich genügend Kraft gesammelt werden, um sich den Tatsachen zu stellen, ohne von ihnen überwältigt zu werden. Der Traum vom ungetrübten Glück ist zwar verflogen, aber es ist nun deutlich geworden, dass das Leben trotzdem lebenswert ist, und man ist durch all die Schwierigkeiten stärker geworden. Es ist zwar nicht leicht, alle Erwartungen und Wünsche der Wirklichkeit anzugleichen, aber man kann sich mit der Tatsache abfinden, dass bestimmte Schwierigkeiten zum Leben gehören und dass diese auch mit Gottes Hilfe bewältigt werden können.

Weniger Grübeln und Sorgen: Grübeln kostet ungeheuer viel Kraft und zieht einen nur runter. Man kann damit absolut nichts verändern und das Kind vor nichts bewahren. *Stefanies Mutter brauchte einige Zeit, um das umzusetzen. Der erste epileptische Anfall ihrer Tochter stürzte sie in panische Angst. In ihrer Fantasie sah sie die grässlichsten Unfälle, und wenn ihre Tochter nur etwas zu spät nach Hause kam, durchlitt sie die schlimmsten Qualen. Heute hat sie sich damit abgefunden, dass es für ihr Kind keine letzte Sicherheit gibt. Sie hat die menschlichen Möglichkeiten zum Schutz ihres Kindes ausgeschöpft: durch die regelmäßige Einnahme von Medikamenten, durch Verhaltensregeln bei einem möglichen Anfall und durch das Vermeiden von gefährlichen Situationen. Aber sie besitzt keine Garantie, dass nichts passieren kann. Sie kennt nur eine Gewissheit, an der sie sich immer wieder festklammert: Wie den gesunden Geschwistern kann ihrer kranken Tochter nichts passieren, was Gott nicht zulässt. Er hält ihr Leben in seiner Hand, und er kennt die Tage, die sie auf dieser Erde verbringen soll. Mit der Zeit ist ihr das Vertrauen der Mutter so weit gewachsen, dass sie sich von den Sorgen um das Kind nicht mehr beherrschen lässt.*

Verschiebung der Schwerpunkte: Am Anfang des Weges zur Bewältigung stand der Wunsch nach Heilung oder einer Sofortlösung im Mittelpunkt. Die Fehlfunktionen oder Schwierigkeiten sollten durch eine geeignete Therapie oder ein Wunder behoben und korrigiert werden. Zuerst nahm das Defizit des Kindes einen riesigen Raum ein, um den sich alles drehte. Nun hat sich die Lage wenigstens stabilisiert oder gar verbessert. Das hilft dabei, dass die Eltern das Kind wieder als Ganzes sehen können und daran arbeiten, wie es seine Schwachstellen kompensieren und sein Selbstwertgefühl aufbauen kann. Die Eltern konzentrieren nicht mehr ihre ganze Aufmerksamkeit auf das Problem des Kindes, sondern entdecken auch seine Stärken und versuchen, diese zu fördern. Sie freuen sich über jeden kleinen Fortschritt und geben den vielen guten Eigenschaften des Kindes Raum.

Die Mutter eines hyperaktiven Jungen drückte dies einmal so aus: *„Zuerst hat mir das nervöse Verhalten meines Jungen sehr viel Mühe gemacht und ich wollte ihn beständig umformen zu einem angepassten, netten Sohn. Jetzt bin ich an einem Punkt angelangt, wo ich eher seine Fortschritte feiern und seine guten Seiten sehen möchte, als über sein Manko zu trauern ... Die Zeit schleift meine eigenen Kanten ab."*

Mütter denken in dieser Zeit der Normalisierung auch wieder vermehrt an ihre eigenen Bedürfnisse. Sie nehmen erneut ein Hobby auf, für das vorher einfach keine Zeit geblieben ist; sie besuchen einen Weiterbildungskurs, der ihnen neue Perspektiven eröffnet; oder sie steigen wieder in den Beruf ein. Diese Horizonterweiterung wirkt oft so befreiend wie das Verlassen eines Käfigs. Die eigenen Probleme bilden nun nicht mehr das Zentrum des persönlichen Universums. Und nach einem Ausflug in die *unbeschwerte Welt* fällt es leichter, daheim wieder all die notwendigen Aufgaben zu übernehmen.

6.
Schuld oder Schuldgefühl?

Sind Schuldgefühle von Gott? Ja, natürlich, hätte ich früher gesagt, bevor ich mich im Rahmen dieses Buchprojektes intensiver mit der Schuldfrage auseinandergesetzt habe. Denn wo kämen wir hin, wenn uns nicht eine innere Stimme – unser Gewissen – sagen würde, was richtig oder falsch ist? Jeder würde einfach nur noch egoistisch seine eigenen Ziele verfolgen und das Zusammenleben würde unerträglich werden. Schuldgefühle kommen also von Gott, dachte ich immer, denn sie zeigen uns, wo wir im Unrecht sind, und führen uns auf den richtigen Weg zurück.

Aber was versteht man eigentlich unter Gewissen? Ist es eine Art *Selbstspiegelung*, wie Karl Jaspers es einmal ausdrückte, oder ein Teil des *Über-Ichs*, das durch die Forderungen der Eltern entstand, wie Sigmund Freud es annahm? Oder ist es gar die Stimme Gottes und des Heiligen Geistes, die mich von meinem Unrecht überzeugt?

Schuldgefühle gehören ganz allgemein zu unserem menschlichen Dasein. Man kann sich für die unterschiedlichsten Dinge schuldig fühlen: Eine Veganerin würde sich schuldig fühlen, wenn sie wie ein *Kannibale* ein Stück Fleisch verschlingen würde, und ein Pazifist hätte ein schlechtes Gewissen, wenn er Aktien der Waffenindustrie kaufen würde. Menschen empfinden dann Schuldgefühle, wenn sie ihre eigenen Werte missachten. Schuldgefühle sind wie ein Warnlicht, das uns an unsere Werte erinnert. Diese stimmen aber nicht immer mit der Botschaft der Bibel überein.

Eine verkehrte Welt?

Auch im Familienleben ist das Empfinden von Schuldgefühlen ganz unterschiedlich. Ein und dieselbe Situation kann bei den Beteiligten ganz unterschiedliche Gefühle und Reaktionen auslösen. Ein Beispiel soll dies verdeutlichen:

„Was wächst denn da im Garten?" Diese einfache Frage entfachte in Lucas' Elternhaus einen heftigen Streit.

„Nur etwas Hanf", meinte der 16-Jährige so gleichgültig wie möglich.

„Daraus macht man doch Cannabis, das ist verboten!", empörte sich seine Mutter.

„Es geht doch niemanden etwas an, was ich im Garten pflanze", brummte der Junge aufsässig.

Mutter und Sohn verarbeiteten hier denselben Sachverhalt unterschiedlich. Er fand das geltende Gesetz falsch und sah deshalb keinen Grund, sich daran zu halten, während sie in Gedanken schon die Polizei vorfahren sah.

Hier liegt ganz klar ein schuldhaftes Verhalten vor, aber es gibt auch Schuldgefühle ohne Schuld. Viele Mütter fühlen sich schuldig, obwohl sie sachlich gesehen nicht falsch gehandelt haben. Denn für die Aufgabe der Mutterschaft gibt es keine allgemein anerkannten Regeln.

„Manchmal fühle ich mich schuldig, wenn ich meine Kinder den ganzen Nachmittag im Garten spielen lasse und nichts mit ihnen unternehme", berichtete mir eine Mutter von drei Kindern. „Die Nachbarskinder spielen alle ein Instrument und gehen den verschiedensten

Freizeitaktivitäten nach. Ihre Mutter ist beständig auf Achse und fährt sie zu all ihren Terminen. Meine Kinder sind manchmal am liebsten daheim und genießen ihre Ruhe. Müsste ich sie mehr fördern?"
Eine andere Mutter erzählt: „*Ich fühle mich immer schuldig, wenn meine Schwiegermutter bei uns ist. Wenn sie dann mit hochgezogenen Augenbrauen bemerkt: ,Schau, da liegt ein angebissener Apfel', oder vorwurfsvoll fragt: ,Können deine Kinder die Schuhe nicht ordentlich wegstellen?', dann fühle ich mich als Versagerin. Dabei habe ich die Kinder doch unzählige Male zur Ordnung gemahnt.*"

Die beiden Frauen haben keine Schuld auf sich geladen – und doch fühlen sie sich schuldig. Schuldgefühle sind kein unbeirrbarer Anzeiger für Gut und Böse, sondern eine psychologische Verarbeitung eines Spannungszustandes.

Schuld ist keine Endstation

Schuld gehörte zu allen Zeiten zum menschlichen Leben dazu. Völker zogen gegeneinander in den Krieg und brachten Kummer und Leid auf beiden Seiten. Die schrecklichen Bilder aus den zerstörten Städten Syriens führen uns allzu deutlich vor Augen, wozu wir Menschen fähig sind. Auch in der kleinen Welt unserer Familien entzweien Streitigkeiten Eltern und Kinder. Unsere Unzulänglichkeit verfolgt uns Tag für Tag.

Immer wieder wurde im Laufe der Menschheitsgeschichte um die Frage vom Umgang mit Schuld gerungen. Schon das römische Rechtswesen kannte den Begriff *culpa*, der die Übertretung eines Gesetzes oder einer Grenze bedeutete und durch Zahlung eines Wehrgeldes oder einer Buße ausgeglichen werden konnte. Im Althochdeutschen findet man den Ausdruck *sculd*, was Verpflichtung oder Leistung heißt oder auch „das, was mangelt oder fehlt". Die Rechtsprechung kennt bis heute nur einen Weg aus diesem ungenügenden Zustand heraus: Wiedergutmachung und/oder Sühne durch Strafe.

Lassen Sie mich kurz das Modell von Schuld und Vergebung vorstellen, das der christliche Glaube anbietet. In der Bibel finden wir eine realistische Sicht von Schuld. Ungeschminkt wird beschrieben, dass alle Menschen unvollkommen sind und schuldig werden. Der Griff nach der verbotenen Frucht der Erkenntnis im Garten Eden lastet noch immer auf der Menschheit. Generation um Generation wird in eine unvollkommene Welt hineingeboren, von fehlbaren Eltern großgezogen und wird selbst an ihren Kindern wieder schuldig. Niemand ist immer erfüllt von liebevollen Gedanken. Keiner bleibt vor Fehlern bewahrt.

Wenn wir versagen und schuldig werden, ist dies ganz einfach ein Teil unserer menschlichen Existenz. Der christliche Glaube spricht in diesem Zusammenhang von Erbsünde, also einem unvollkommenen Zustand, der immer wieder zu falschem Handeln führt. Ein Blick in den Alltag bestätigt dies. Keine noch so liebenswürdige und fürsorgliche Mutter, kein noch so freundlicher und besorgter Vater kann sein Leben vollkommen, also schuldlos führen.

Belastet uns der christliche Glaube also mit einem negativen Weltbild und treibt er uns in einen hoffnungslosen Zustand? Wenn der christliche Glaube hier enden würde, könnte man tatsächlich nicht von der Frohen Botschaft sprechen.

Normalerweise rät uns unser Instinkt, dass wir erfahrenes Unrecht oder eine erlittene Verletzung mit gleicher Münze heimzahlen sollen: Auge um Auge, Zahn um Zahn. Die christliche Haltung ist diametral anders. Sie sieht für Schuldige keine Bestrafung vor, sondern sie bietet eine vollständige Begnadigung an. Ohne jede Vorleistung. Karfreitag und Ostern erinnern uns regelmäßig daran, dass der Sohn Gottes an unserer Stelle gelitten hat. Dies mag in unserer recht sicheren Umgebung altbekannt und abgedroschen klingen. Für Menschen jedoch, welche die Gräuel eines Krieges erleben, hat dies eine tiefe Bedeutung. Es gibt keine stärkere Liebe als jene, die das eigene Leben einsetzt, um andere zu retten. Tagtäglich setzen Eltern in den aktuellen Kriegsgebieten ihr Leben ein, um ihre Kinder aus dem Bombenhagel zu retten oder Nahrung für sie zu besorgen. Genau diese grenzenlose Liebe zeigt Gott für uns Menschen. Und so kennt die christliche Überlieferung die *felix culpa*, die *glückselige Schuld*: Trotz unserer Fehler und Unzulänglichkeiten werden wir vom himmlischen Vater so sehr geliebt, dass dieser seinen einzigen Sohn für uns opferte.

Dieses Prinzip der *Begnadigung* schafft ein entspanntes Familienklima. Wir können unseren Kindern nichts Besseres auf den Lebensweg mitgeben als unsere bedingungslose Liebe. Ganz gleich, was das Kind tun wird, unsere Herzenstür sollte immer offen bleiben. Das heißt nun nicht, dass Christen einfach auf die göttliche Gnade setzen können und keine Regeln anerkennen müssen. Liebe kann auch konsequent und streng sein. Das Erkennen von Schuld bringt die Möglichkeit eines Neuanfangs und einer besseren Zukunft. Nur wenn ich Fehler einsehe, kann ich sie auch später vermeiden.

Wenn das Gewissen zu streng ist

Unser Gewissen ist, wie oben ausgeführt, kein genau geeichtes, unabhängiges Messinstrument, das uns den Zustand von Schuld oder Unschuld zuverlässig anzeigt. Ganz allgemein kann man das Gewissen als ein inneres Gericht bezeichnen, das unser Denken, Handeln und Fühlen im Licht unseres eigenen Maßstabs prüft. Oftmals beschuldigt es uns zu Recht, wenn wir uns den Kindern gegenüber falsch benehmen, sie anschreien, ausschelten oder gar schlagen. Hin und wieder verklagt es uns aber auch zu Unrecht, weil es zu hohe Maßstäbe anwendet. Vielleicht misst es Sie nach der Norm *Du-musst-es-allen-recht-machen*. Dann wird es viele Gelegenheiten geben, bei denen es Sie schuldig spricht. Oder es verteidigt Sie, obwohl Sie Unrecht zulassen, indem Sie *um des lieben Friedens willen* nachgeben.

Es ist erstaunlich: Die Bibel warnt uns vor einem zu strengen Gewissen! So ist in einem Brief an die Christen einer griechischen Hafenstadt zu lesen: „Lasst euch von niemandem ein schlechtes Gewissen machen ...“[23] Diesen Satz sollte jede Mutter auswendig lernen. Wie schnell lassen wir uns durch die Erwartungen und Forderungen unserer Familie ein schlechtes Gewissen machen!

- „Die anderen haben es besser als ich!“
- „Das ist gemein, wenn du mir das verbietest!“
- „Nie hast du Zeit für mich!“

Kennen Sie diese Sätze? Sie wirken wie ein Schalter, der unser Gewissen in Bewegung setzt. Machen Sie also einen kurzen Gedankenstopp, wenn Ihr innerer Richter oder Ihre Kinder Sie verurteilen möchten. Es gibt einen gewaltigen Unterschied zwischen Schuld und unangebrachten Beschuldigungen. Seien Sie auch sich selbst gegenüber barmherzig! Sperren Sie sich nicht in ein Gefängnis von Schuldgefühlen ein.

Echte Schuld oder Beschuldigung?

Gewissenbisse sind oft vage. Es ist gar nicht immer klar, ob man tatsächlich falsch gehandelt hat. Ein Beispiel mag dies erläutern: *Nicolas und Kevin gehen in dieselbe Klasse. Beide sind keine Musterschüler und treiben sich lieber in der Stadt und auf dem Sportplatz herum. Ihre Noten spiegeln den mangelnden Lernwillen der beiden. Die Eltern von Nicolas gehen verständnisvoll auf ihren Sohn ein. „Wenn er nicht lernen will, ist das seine Entscheidung“, ist ihre Devise, und sie finden sich damit ab, dass er die Hauptschule besucht.*

Ganz anders denken Kevins Eltern: „Ohne gute Schulbildung

---

23 Kolosser 2,16 (LÜ 1984).

kommt man schlecht durchs Leben. Der Junge soll aufs Gymnasium",
entscheiden sie. Sport und andere Hobbys werden durch Nachhilfe-
stunden ersetzt und schließlich schafft er das Abitur mit großem Auf-
wand. Später machen beide ihren Eltern Vorwürfe. Kevin schmollt,
seine Eltern hätten nur seine Leistungen geliebt. Nicolas entdeckt erst
später seine Freude am Lernen und holt auf dem zweiten Bildungsweg
vieles mühsam nach. Wenn er spätabends über den Aufgaben brütet,
ärgert er sich darüber, dass ihn seine Eltern nicht mehr zum Lernen
angetrieben haben.

Sind diese Eltern schuldig? In den Augen ihrer Kinder schon. Vor dem Gesetz nicht. Sie waren keine Hellseher, welche die Zukunft ihrer Sprösslinge erahnten, und keine diplomierten Psychologen, die ihre Seelen bis in die Tiefen analysierten. Sie waren ganz einfach Menschen, die in der aktuellen Situation nach bestem Wissen und Gewissen Entscheidungen gefällt haben.

Die folgenden Fragen können helfen, zwischen echter Schuld und Beschuldigung zu unterscheiden:

- *Was wird mir ganz konkret vorgeworfen?*
Oft hört man nur vage Beschuldigungen. Fragen Sie nach Einzelheiten. Was wirft man Ihnen genau vor? Vielleicht verflüchtigen sich die Schuldzuweisungen dann schon durch dieses Gespräch in unbegründete Vorwürfe. Es kann aber auch sein, dass Sie zugeben müssen, dass Sie tatsächlich im Unrecht waren, und diesen Fehler bereinigen und um Verzeihung bitten sollten.

- *Habe ich wissentlich und vorsätzlich falsch gehandelt?*
Viele Erwartungen, die an uns herangetragen werden, sind von unserer Umwelt, der Psychologie und der Kultur diktiert. So manche Fehler entstehen aus dem Affekt als Reaktion auf das Verhalten unseres Kindes, denn kaum eine Mutter verletzt ihr

Kind vorsätzlich. Versichern Sie Ihrem Kind, dass Sie es lieben, auch wenn Ihnen die Nerven hin und wieder durchgehen.

- *Wird von mir etwas Unmögliches verlangt?*
Mütter sind auch nur Menschen und haben das Geschick ihrer Kinder nicht allein in ihrer Hand. Leider gibt es Ereignisse im Leben, die Sie nicht beeinflussen und vor denen Sie die Kinder nicht schützen können. Wenn so etwas passiert, müssen Sie die Schuld nicht auf sich nehmen.

- *Wie weit reicht mein Einfluss?*
Viele Mütter schreiben sich die Schuld zu, wenn ihre Kinder sich falsch verhalten. Doch diese sind eigenständige Persönlichkeiten und bestimmen schon sehr früh, wie sie sich benehmen wollen. Man kann sie zwar sorgfältig erziehen, aber auch sie können zwischen Gut und Böse wählen. Fragen Sie sich deshalb: Gibt es andere Gründe für das Problem als mein Verhalten? Natürlich will ich Sie nicht ermutigen, die Schuld bei den anderen zu suchen. Doch auch Ihre Kinder sind vielen Einflüssen ausgesetzt: Erbanlagen, das Umfeld und eigenständige Entscheidungen formen ihre Persönlichkeit. Es wäre eine Überschätzung der mütterlichen Macht, wenn man alle Verantwortung auf Sie als die einzige prägende Kraft abschieben wollte.

Durch das Beantworten der obigen Fragen kann es klarer werden, ob man tatsächlich schuldig geworden ist oder ob die Schuldgefühle durch Vorwürfe und Beschuldigungen *künstlich* erzeugt wurden. Oft ist es nicht leicht, eine Antwort zu finden. In solchen Fällen kann ein Gespräch mit einem anderen Menschen, einer Freundin, dem Ehepartner oder einer Seelsorgerin, hilfreich sein. Besonders wir Frauen sind mit einem eher feinen Gewissen ausgerüstet, das sehr schnell auf der Seite des Anklägers steht. Deshalb gilt eine alte jüdische Weisheit ganz besonders für Mütter, die sich durch die Erwartungen von Mann und Kindern, Nachbarn und Verwandten sehr leicht belasten lassen: „Sei nicht allzu gerecht und nicht allzu weise, damit du dich nicht zugrunde richtest."

Der Blick nach vorne

Alfred Adler, der Begründer der Individualpsychologie, hielt nicht viel von Schuldgefühlen. Er erzählte dazu eine kleine Geschichte: *Ein Patient habe ihm einmal geklagt, dass er neben seiner Frau eine Geliebte habe, auf die er nicht verzichten wolle. Aber er habe nach jedem Seitensprung schreckliche Schuldgefühle. Doktor Adler antwortete kühl: „Meinen Sie nicht, eines von beidem ist zu viel?"*

Mit dieser knappen Bemerkung traf er den wunden Punkt seines Gegenübers. Eigentlich wollte dieser gar keine Veränderung und seine Schuldgefühle dienten ihm nur zur Rechtfertigung. Er wusste, dass er falsch handelte, aber wenigstens fühlte er sich schuldig.

Was ist nun aber die Alternative zu Schuldgefühlen? Man kann schließlich nicht einfach hartherzig darüber hinweggehen, wenn man andere verletzt hat. Der christliche Glaube bietet hier ein zukunftsgerichtetes und heilendes Konzept an. Der Prozess der *aktiven Reue* ersetzt die *nutzlosen* Schuldgefühle.

Die aktive Reue ist ein tiefes Gefühl der Trauer über das eigene Versagen in der Vergangenheit. Wenn unsere Fehler im Leben unserer Kinder negative Folgen auslösen, ist das Grund genug zu echter Trauer. Es schmerzt, wenn ich meinem Kind Wunden zugefügt habe, auch wenn dies unabsichtlich geschehen ist. Tränen bleiben uns oft nicht erspart.

Reue richtet sich gleichzeitig auch in die Zukunft, in der man diese Fehler vermeiden will. Dadurch wird auch die Gegenwart verändert, denn ich stelle mich meiner Verantwortung und mache mir

Gedanken, was ich besser machen könnte. Auf diese Weise entsteht Hoffnung, dass sich die Situation verbessern kann. Gerade in der Begleitung unserer Kinder bietet jeder neue Tag neue Chancen, um die Weichen anders zu stellen. Die aktive Reue ist eine Abkehr von peinigenden Selbstvorwürfen und dem Verharren in der Sackgasse. Sie führt zur Bewältigung von Schuld und zu neuen Verhaltensweisen. Die folgende Abbildung stellt diesen konstruktiven Prozess dar.

Umgang mit Schuld im Familienleben

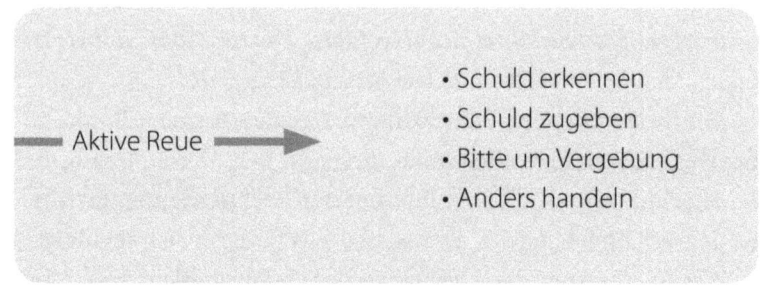

Aktive Reue ➔
- Schuld erkennen
- Schuld zugeben
- Bitte um Vergebung
- Anders handeln

Das eigene fehlerhafte Verhalten erkennen

Die meisten Mütter sind Weltmeisterinnen darin, ihre eigenen Fehler zu sehen und sich für sie schuldig zu fühlen. Hin und wieder können diese Selbstvorwürfe unüberwindbar erscheinen. Sortieren Sie deshalb zuerst, wie oben beschrieben, echte Schuld und subjektive Schuldgefühle aus.

Besonders im Rückblick wird man zur wahren Expertin und weiß genau, wie man es hätte besser machen können. Der Blick in die Vergangenheit ist jedoch wenig sinnvoll, denn das Rad der Zeit lässt sich nicht zurückdrehen. Damals hatte man möglicherweise weder das Wissen noch die Kraft, anders zu handeln.

Es ist hilfreich, wenn man das eigene Fehlverhalten möglichst sachlich beschreibt. Sophie, eine Mutter von vier Kindern zwischen ein und sechs Jahren, erzählte mir selbstkritisch: *„Hin und wieder werde ich von einer Welle des Zorns überrollt und dann schreie ich die Kinder nur noch an. Ich nehme mir jeden Tag vor, dass ich ruhig und gelassen bleiben will. Aber nach einem Tag voller Zwischenfälle ist meine Kraft gegen Abend aufgebraucht und dann kommt es nicht selten zur Explosion. In dunklen Stunden fühle ich mich als die schlechteste Mutter der Welt und zweifle an all meinen Fähigkeiten.“*

Sie schämte sich dafür und bat um Rat, wie sie sich anders verhalten könne.

Bei näherer Betrachtung merkte ich aber schnell, dass sie eine bewundernswert engagierte Mutter ist. Jeden Tag versucht sie, mit jedem Kind eine kurze Zeit zu zweit einzurichten. Während 95 Prozent des Tages organisiert sie die Familie mit Bravour und sie liebt die Kinder über alles. Sie bindet den Ehemann so gut wie möglich in die Erziehung mit ein und das Wochenende gehört jeweils ganz der Familie. Ihre Hauptherausforderung war der Umgang mit ihren eigenen Emotionen, ansonsten bewältigte sie ihre große Aufgabe sehr gut.

Als wir das gemeinsam herausgearbeitet hatten, fühlte sie sich schon gleich sehr entlastet. Sie hat ihr Problem auf den Punkt gebracht und sucht nun Wege zu dessen Bewältigung.

Schuld zugeben

Einen Fehler zuzugeben, hört sich einfacher an, als es ist. Scham über das eigene Verhalten, Angst vor Vorwürfen, Angst, das Gesicht zu verlieren, oder ganz einfach Stolz können eine große Barriere bilden und den Weg zum Gegenüber versperren. Auch Sophie war unschlüssig, wie sie nach einem emotionalen Ausbruch die Wogen wieder glätten sollte. *„Wenn ich zu schnell wieder einlenke, habe ich noch weniger Kontrolle über das Verhalten der Kinder“*, befürchtete sie.

Bei Konflikten stellt sich oft die Frage, wer den ersten Schritt zur Wiederaufnahme der Beziehung macht. Oft ist es Stolz, der der Versöhnung im Wege steht. Dann redet man sich ein: „Der andere soll nicht meinen, dass ich klein beigebe." „Ich trage nicht allein die Schuld und der andere kann sich schließlich zuerst melden." Sich der eigenen Schuld zu stellen und diese vor anderen zuzugeben, braucht Mut und innere Kraft. Allerdings muss man nur den eigenen Anteil eines Konflikts auf sich nehmen. Dies jedoch ohne Wenn und Aber. Das Gegenüber, ob Mann oder Kind, trägt immer auch einen Teil der Verantwortung.

Um Verzeihung bitten

Hier geht man noch einen Schritt weiter, indem man von seinem Gegenüber Verständnis für das eigene Verhalten erbittet. Damit geht einher, dass man vom anderen erwartet, dass er einem sein Fehlverhalten nicht mehr nachträgt. Kinder sind im Allgemeinen sehr großzügig und vergeben Mama gerne. Bei uns Erwachsenen ist dies schwieriger, denn wir wollen uns keine Blöße geben. Dazu später mehr.

Anders handeln

Das Begleiten von Kindern bietet uns jeden Tag die Chance für einen Neuanfang. Doch leider ist es gar nicht so einfach, plötzlich anders zu handeln. Sophie, von der ich Ihnen oben erzählte, war bereit, sich ihrem Problem konkret zu stellen. Zuerst bat ich sie, sich die wutauslösenden Situationen zu notieren und den Anstieg der Emotionen auf einer Art von *Wutkurve* einzuzeichnen. So konnten wir genau analysieren, was sie zur Weißglut treibt. Als Nächstes besprachen wir, wie sie aus diesem Ansteigen der Wut aussteigen könnte. Wir sammelten verschiedene Möglichkeiten wie: sich kurz zurückziehen, zum Abkühlen der Situation bis hundert zählen, mit den Kindern nach draußen gehen, um Energie abzulassen, zur Ablenkung gemeinsam einen Kinderfilm anschauen, zur Beruhigung eine Geschichte erzählen und anderes mehr.

Zusätzlich warfen wir einen Blick in ihre Vergangenheit, um herauszufinden, wie in ihrer Kindheit mit Konflikten umgegangen worden war. Sie fand heraus, dass sie als Kind kaum Möglichkeiten gehabt hatte, um sich durchsetzen zu können. Sie sei mit ihrer Meinung immer gegen eine Mauer gelaufen und habe sich dabei sehr hilflos gefühlt. Dieses Gefühl der Hilflosigkeit überfalle sie auch heute in Konflikten und dann neige sie zur Überreaktion.

Das aktive Aufarbeiten ihrer Verhaltensmuster führte schließlich zu positiven Veränderungen in ihrer Familie. Sie ist sich selbst treu geblieben und hat ihr lebhaftes Verhalten beibehalten, aber die Situationen, in denen sie überreagiert und einen Kontrollverlust befürchtet, sind deutlich seltener geworden.

7.

Mütter dürfen auch mal Nein sagen

Wir modernen Frauen sind ein Wunderwerk an Komplexität ... Während wir Exceltabellen erstellen, Schnitzel braten, Gewichte stemmen und Kindertränen trocknen, schleudern unsere grauen Zellen in Sekundenschnelle Berechnungen, Bewertungen und Befürchtungen heraus. Am Ende dieses Schleuderprozesses stehen meist zwei kleine grausame Worte: „Ich muss."

„Ich muss Frühstück machen, muss die Schwiegereltern anrufen, muss den Call vorverlegen, das Powerplate kaufen, um fit zu bleiben! *Ich muss* ist die Maske der Selbstoptimierung, der Effizienzsteigerung, der Überperfekten, die wir umschnallen, damit uns bloß nicht das schlechte Gewissen quält, in jedem Bereich statt 100 Prozent nur 87,5 Prozent erreicht zu haben. Wir haben keine Lust auf Schuldgefühle."[24] Die Philosophin Rebekka Reinhard hat hier in der Frauenzeitschrift ELLE den inneren *Sklaventreiber* perfekt beschrieben. Dieser treibt viele Frauen an den Rand ihrer Kräfte oder verstrickt sie in ein Dauerschuldgefühl. Es sind nicht nur Kinder, Ehemann und Schwiegereltern, die uns an den Rand der Erschöpfung

---

24 Reinhard, R., Elle, Februar 2016.

treiben: Hauptverantwortlich ist unser eigenes Persönlichkeitsprofil und unser Unvermögen, im richtigen Moment Nein zu sagen – ohne Schuldgefühle.

Die Angst vor dem Nein

Nein sagen braucht Kraft, denn man zieht damit Grenzen, die mein Gegenüber nicht einfach klaglos und oppositionslos akzeptieren wird. Wenn man sich endlich zu einem Nein durchgerungen hat, melden sich umgehend Bedenken, ob die eigene Entscheidung wirklich richtig war. Zwei Mütter beschreiben ihren inneren Zwiespalt auf einer Internetplattform folgendermaßen:

„Manchmal zweifle ich an meinen Qualitäten als Mutter und habe ein schlechtes Gewissen meiner fünfjährigen Tochter gegenüber. Es sind die Momente, in denen ich als Mutter konsequent reagiere, wenn sie nicht mit ins Schwimmbad darf, weil ich allein meine Bahnen ziehen möchte. Wenn ich ein neues Gericht aus meiner Kochzeitschrift zubereite, es ihr nicht schmeckt und ich ihr keine Alternative anbiete. Dann verlässt sie schon mal hungrig den Mittagstisch.“

„Insgeheim weiß ich natürlich, dass eine konsequente Haltung richtig ist. Ich möchte mir von einem kleinen Menschen nicht auf der Nase herumtanzen lassen und deshalb gibt es Regeln bei uns. Dennoch zweifle ich an mir. Es sind diese Momente, in denen die Kindergartenfreundin meiner Tochter zu Besuch ist. Diese mag kein Fleisch, kein Gemüse, keine Eier, fast kein Obst. Ihre Eltern haben ihren Speiseplan an das Kind angepasst, es gibt hauptsächlich Nudeln und Kartoffeln. Ich gehe nicht so stark auf mein Kind ein.“

Das Aufstellen von Regeln und in der Folge eine konsequente Haltung schaffen zwar Sicherheit, aber auch wieder Unsicherheit, ob die

Entscheidung richtig war. Sind diese zwei Frauen Rabenmütter, weil sie Regeln vorgeben und die Kinder dadurch einengen, oder sind sie wegen ihrer konsequenten Haltung Vorbilder?

Beim Ringen um ein Nein beeinflussen auch unbewusste Ängste meine Entscheidung:

Wenn ich Nein sage ...
- ... werde ich abgelehnt, dabei ist mir die Sympathie anderer so wichtig.
- ... bin ich schuld, wenn mein Gegenüber enttäuscht, verärgert oder verletzt ist. Das kann ich schlecht ertragen.
- ... erscheine ich herzlos, egoistisch oder engstirnig. Das möchte ich nicht sein.
- ... laufe ich Gefahr, dass ich beschuldigt werde oder gar einen aggressiven Ausbruch herbeiführe. Ich weiß dann nicht, wie ich mich wehren kann.
- ... könnte mein Kind Schaden nehmen, weil ich seine Wünsche nicht erfülle.

Was hindert Sie am Neinsagen?

Eine nachgiebige Haltung kann kurzfristig auch Vorteile bringen, denn sonst würde es uns nicht so schwerfallen, konsequent zu sein. Schließlich haben wir das Gefühl, dass es uns besser geht, wenn wir nachgeben. Überlegen Sie einmal, welche der folgenden Vorteile Sie sich unterschwellig erhoffen, wenn Sie sich weichklopfen lassen:

- Ich werde von den anderen eher gemocht, wenn ich ihnen alles abnehme.
- Ich fühle mich gut, wenn ich anderen helfen kann, und dieses befriedigende Gefühl möchte ich nicht verlieren.
- Ich vermeide Schuldgefühle, die sich beim Durchsetzen

meiner Meinung einstellen würden, denn der andere könnte von mir enttäuscht sein.[25]

Diese Vorteile hören sich verlockend an, und man muss sich zuerst die Frage stellen, ob man diese überhaupt aufgeben möchte. Doch man bezahlt einen hohen Preis dafür, denn man lässt andere über sein Leben bestimmen. Meine Kräfte werden bis zum Äußersten beansprucht, da ich viele Aufgaben auf mich nehme, die ich auch abgeben könnte. Mein Selbstwert wird durchlöchert, weil die anderen mich nach Lust und Laune dominieren können.

Und schließlich leiden auch die Kinder darunter, wenn sie keine klaren Grenzen gesetzt bekommen. Ein Erziehungswissenschaftler bewies dies einmal mit einem ganz einfachen Test in einer Schule, indem er den Pausenhof unterschiedlich begrenzte. Zuerst wurde das Schulgelände mit einem festen Zaun eingefasst. Die Kinder waren nun eingesperrt, aber würden sie dadurch auch unfreier? Dann entfernte er die Umzäunung vollständig. Würden sich die Kinder nun besser entfalten? Interessanterweise fühlten sich die Kinder innerhalb der sicheren Grenzen wohler. Ja, sie spielten sogar mit ihnen.

Die keckeren Jungen kletterten auf den Zaun, um dann lässig mit den Beinen baumelnd oben zu sitzen. Die Mädchen zogen sich in eine Ecke zurück, um dort ihre Geheimnisse auszutauschen, oder sie benutzten den Zaun für ihr Ballspiel. Dieser stellte den schützenden Rahmen dar, den die Kinder bis zum äußersten Punkt ausnutzten. Dann war der Zaun eines Tages weg – die Kinder waren frei. Eigenartigerweise zogen sie sich nun aus den Ecken mehr gegen die Mitte der Platzes zurück, denn die sicheren Nischen und Abgrenzungen fehlten. Es gab mehr Streit, weil die unsicheren Grenzzonen

25 Merkle, Rolf, Lass dir nicht alles gefallen, Palverlag, Mannheim 2015.

schlechter genutzt wurden und der Platz dadurch kleiner wurde. Interessant, was so ein unpersönlicher Zaun bewirken kann!

Heute sind wieder vermehrt Ratgeber erhältlich, die aufzeigen, dass die Eltern nicht die gleichberechtigten Kumpel ihrer Kinder sind, sondern dass es in ihrer Verantwortung liegt, Grenzen zu setzen. Auf diese Weise soll der Nachwuchs Schritt für Schritt in die Eigenverantwortung geführt werden.[26]

Neinsagen beginnt im Kopf

Um Nein sagen zu können, braucht es innere Festigkeit, die man sich antrainieren kann. Bewahren Sie sich also Ihre Würde als Frau und Mutter und lassen Sie sich nicht herumschubsen. Sie sind für die Kinder überlebenswichtig und dementsprechend sollen diese Sie auch mit Respekt behandeln. Dulden Sie nicht, dass die Kinder Sie mit herabwürdigenden Schimpfwörtern attackieren oder Sie erniedrigen. Letztlich liegt alle Macht bei Ihnen: Sie versorgen die Kinder mit allem Notwendigen. Sie umsorgen sie, wenn sie krank sind. Sie organisieren ihren Tag. Und Sie können jederzeit Ihren Service für die Kinder einschränken: Die Lieblingsjeans werden erst gewaschen, wenn sie im Wäschekorb liegen, und das Taschengeld wird erst ausbezahlt, wenn das Zimmer aufgeräumt ist. Es gibt erst PC-Zeit, wenn die Hausaufgaben erledigt sind, und es wird nur respektvoll diskutiert, sonst ist der Kinobesuch dahin. Kinder und Jugendliche sollen früh lernen, dass man das erntet, was man sät. Ihr Verhalten kann angenehme oder unangenehme Folgen haben. Die Verantwortung liegt mit zunehmendem Alter bei den Kindern. Neinsagen und selbstbewusstes Auftreten beginnt wie so vieles im Kopf. Glücklicherweise sind wir unseren uns verunsichernden

---

26 Winterhoff, M., Warum unsere Kinder Tyrannen werden. Oder: Die Abschaffung der Kindheit. Gütersloher Verlagshaus, München 2008.

Gedanken nicht hilflos ausgesetzt. Wir selbst bestimmen unser Denken und können selbstschädigende Gedankenmuster ersetzen. Nehmen wir einmal die oben genannten Gedankenmuster und suchen wir einen positiven Ersatz für sie.

Verunsichernde Gedanken	Aufbauende Gedanken
Wenn ich Nein sage, werde ich abgelehnt, dabei ist mir die Sympathie anderer so wichtig.	Ich kann lernen, eine andere Meinung auszuhalten. Ich bin nicht bereit, mich selbst aufzugeben. Sympathie mit Nachgeben zu erkaufen, führt nicht zu einer guten Beziehung.
Wenn ich Nein sage, erscheine ich herzlos, egoistisch oder engstirnig. Das möchte ich nicht sein.	Es ist mein gutes Recht, meine Meinung zu äußern. Als Mutter ist es sogar meine Pflicht, den Kindern sinnvolle Grenzen vorzugeben.
Wenn ich Nein sage, laufe ich Gefahr, dass ich beschuldigt werde oder gar einen aggressiven Ausbruch herbeiführe. Ich weiß dann nicht, wie ich mich wehren kann.	Ich bin nicht verantwortlich für die Reaktion meines Gegenübers. Ich kann mich bemühen, sachlich zu sein. Schlimmstenfalls kann ich mich zurückziehen oder Hilfe holen. Aber ich lasse mich nicht durch die Launen anderer tyrannisieren.
Wenn ich Nein sage, bin ich schuld, wenn mein Gegenüber enttäuscht, verärgert oder verletzt ist. Das kann ich schlecht ertragen.	Mein Gegenüber trägt die Verantwortung für seine Gefühle. Ich sage nur meine Meinung, und mein Gegenüber ist dafür verantwortlich, wie es mit sich umgeht. Es ist gefährlich, wenn ich mich von den Gefühlen anderer beherrschen lasse.

Verunsichernde Gedanken	Aufbauende Gedanken
Wenn ich Nein sage, könnte mein Kind Schaden erleiden, weil ich seine Wünsche nicht erfülle.	Kinder wachsen an ihren Schwierigkeiten. Ich tue ihnen keinen Gefallen, wenn ich sie verwöhne und ihnen alle Hindernisse aus dem Weg räume.

Kinder brauchen Klarheit

Es ist normal, dass Kinder ihre Eltern herausfordern. Das beginnt schon im Trotzalter, wo Kleinkinder wie kleine Nervensägen die Grenzen der Eltern austesten. Dieser für die Eltern unangenehme *Aufstand der Zwerge* dient einem wichtigen doppelten Zweck: Schon die Kleinkinder wollen einerseits die eigenen Bedürfnisse befriedigen und andererseits herausfinden, wie Eltern und Geschwister funktionieren. Im Verlauf unzähliger kleiner Streitereien testen sie, was den Eltern gefällt und was nicht, was sie gutheißen und was sie ablehnen. Zuletzt haben sie verinnerlicht, was für die Eltern richtig oder falsch ist, und damit deren Werte kennengelernt.

In der Pubertät erfolgt dann eine erneute Überprüfung der elterlichen Wertvorstellungen. In unzähligen Diskussionen bilden sich die Jugendlichen ihre eigene Meinung über sich selbst, ihre Familie und über die Welt. Kinder brauchen für eine gesunde Entwicklung ihres Charakters Grenzen, an denen sie sich reiben können. Nur durch Widerstand kann sich der eigene Wille bilden und stärken. Im übertragenen Sinn gilt hier ein physikalisches Gesetz: Reibung erzeugt Wärme – und Nähe. Denn es ist den Eltern nicht egal, was ihre Kinder tun und denken.

Viele Kinder leiden an einer seltsamen Krankheit, sie sind *muttertaub*. Die Symptome? Mütter wiederholen eine Anweisung hundertmal – ohne sichtbaren Erfolg beim Kind. Dieses reagiert erst, wenn

Mamas Stimme im oberen Bereich der Dezibelkurve angelangt ist und man sie nicht länger ignorieren kann. Das ist für jede Mutter entwürdigend. Es gibt jedoch ein paar Tricks, die hier Abhilfe schaffen können:

- *Aktives Zuhören:* Verstehe ich wirklich, was mein Kind sagen will? Es ist oft kaum zu glauben, wie sehr man aneinander vorbeireden kann. Vergewissern Sie sich durch Rückfragen, ob Sie wirklich über dasselbe Thema sprechen wie Ihr Kind.
- *Augenkontakt herstellen:* Haben Sie auch schon einmal eine Anweisung durch Ihre Wohnung gerufen und es hat sich überhaupt nichts getan? Eigentlich ist es sehr verständlich, dass sich kein Kind freiwillig für eine Arbeit meldet, wenn diese genauso gut von der Schwester oder dem Bruder erledigt werden könnte. Also gehen alle stillschweigend in Deckung und hoffen, dass es den anderen treffen wird. Als Elternteil fühlt man sich gegenüber dieser gemeinsamen Verweigerungsfront ohnmächtig und wird umso wütender. Der Ausweg aus dieser Falle heißt Augenkontakt. Blicken Sie also bei jeder Aufforderung dem Kind in die Augen, und versichern Sie sich, dass es das Anliegen verstanden hat. Dadurch bleibt auch die Lautstärke im normalen Bereich.
- *Einmalige Aufforderungen:* Trainieren Sie die Kinder und sich selbst, dass Sie eine Botschaft einmal oder höchstens zweimal aussprechen. Vertrauen Sie auf die Intelligenz und auf das gute Gehör Ihres Nachwuchses, der imstande ist, eine Aussage schnell aufzunehmen. Sobald ein Kind merkt, dass Mama ihre Worte ernst meint und bei Nichtbeachtung negative Folgen eintreten werden, können Sie die vielen Ermahnungen lassen.

- *Keine leeren Drohungen:* Leere Worte bringen nichts. Eine Mutter erzählte mir von einer stressigen Autofahrt: *„Ich war mit meiner Freundin und vier Kleinkindern im Auto unterwegs und hinten auf den Rücksitzen stritten sich die Kinder lautstark. Plötzlich verlor meine Freundin die Nerven und schrie ihre vierjährige Tochter an: ‚Wenn du nicht endlich still bist, schmeiße ich dich raus, und du kannst nach Hause laufen.' Die Kleine war für eine kurze Denkpause still, doch schon bald ging der Lärm unbeirrt weiter. Sie wusste nur zu gut, dass ihre Mutter sie nie in einer fremden Umgebung aussetzen würde!"*

Die Kunst des klugen Neins

Niemand nimmt uns das Setzen von Grenzen ab. Aber gerade Jugendlichen gegenüber lohnt es sich, dabei etwas Diplomatie einzusetzen. Das kann folgendermaßen geschehen:

- *Gib mir etwas Zeit zum Nachdenken.* Mit diesem Satz bewahren Sie sich vor Impulsreaktionen, die Sie möglicherweise später bereuen werden. Man verschafft sich dadurch Zeit, um eine Frage in Ruhe überdenken zu können. Damit geben *Sie* den zeitlichen Rhythmus vor und alleine das gibt Ihnen Autorität. Wenn Sie sich dann zu einem Nein durchringen, ist es gut begründet, und Sie können besser dabei bleiben.
- *So etwas mache ich prinzipiell nicht.* Dies hört sich zunächst etwas krass an, kann aber sehr hilfreich sein. *Schwere Arbeiten sollten von Männern ausgeführt werden.* Dieses Prinzip versuchte ich unseren drei Söhnen beizubringen, indem ich grundsätzlich nie den Rasen mähte. „Mit vier Männern im Haus (Mann und drei Söhne) wäre es eine Schande, wenn ich schwere Gartenarbeit verrichten müsste", argumentierte

ich. Damit ersparte ich uns jegliche Diskussion zu diesem Thema und die Jungs verdienten sich gerne ein kleines Taschengeld durch ihre Mitarbeit. Heute verrichtet ein kleiner Rasenmähroboter diese Arbeit ...

- *Das tut mir wirklich leid für dich.* Damit geben Sie zu verstehen, dass Sie die Enttäuschung nachfühlen können, die für das Kind durch ein Nein entsteht. Auch Sie sind traurig, dass es durch sein selbst gewähltes Verhalten unangenehme Folgen ausgelöst hat. Aber es war leider abgemacht, dass der Kinobesuch erst erfolgen kann, wenn das Zimmer aufgeräumt worden ist ... oder dass die Gute-Nacht-Geschichte ausfällt, wenn die Zähne nicht rechtzeitig geputzt wurden ... Vermitteln Sie Ihrem Kind, dass Sie fest daran glauben, dass es das nächste Mal die jetzt übertretene Regel wird einhalten können. Damit übergeben Sie dem Kind die Verantwortung für die aktuelle unangenehme Situation. Es ist aber trotzdem wichtig, dass Sie sich bei allem Mitgefühl von der wütenden Reaktion nicht zu stark stören lassen.

  Eine Mutter sagte mir: *„Ich schicke mein Kind dann jeweils auf sein Zimmer und lade es ein, wieder zurückzukommen, wenn es sich beruhigt hat."*

- *Das passt im Augenblick gerade nicht.* Mit dieser Aussage übernehmen Sie die Kontrolle über das Tempo eines Konflikts, denn man muss nicht allzeit bereit sein und bei jedem Hilferuf gleich herbeieilen. Ich bin eher ein Morgenmuffel und mag es gar nicht, wenn ich den Tag mit Gehetze starten muss. Meine Kinder mussten damit leben. So fanden sie sich damit ab, dass sie ihren Ranzen abends packen und ihre Kleider vor dem Einschlafen bereitliegen mussten, denn frühmorgens konnten sie keine Nothilfeaktionen von mir erwarten (Ausnahmen ausgenommen).

Wenn Tränen das Nein ersticken

Niemand ist erfreut, wenn er ein Nein vorgesetzt bekommt. Die Reaktionen pendeln von verletztem Schweigen, grollendem Schmollen bis hin zum Schreikrampf und offener Rebellion. Bei Konflikten mit den Eltern braut sich bei Kindern oft ein Frustrationscocktail zusammen, der aus Trauer, enttäuschten Erwartungen und Zorn besteht. Dies ist eine ganz natürliche Reaktion des Kindes, die erfolgen muss, damit der Lernprozess der Selbstfindung und Persönlichkeitsbildung fortschreiten kann. Deshalb besteht auch für die Eltern kein Grund, sich diese Frustration allzu sehr zu Herzen zu nehmen oder gar ein erzieherisches Versagen daraus abzuleiten. Ihr Kind zeigt eine normale emotionale Reaktion, die Sie sogar vorhersehen können, denn Sie kennen ja Ihre Pappenheimer.

Aber wie geht man konkret mit starken negativen Reaktionen um? Zunächst einmal sollten Eltern die emotionalen Reaktionen ihres Kindes keinesfalls ins Lächerliche ziehen oder mit ironischen Bemerkungen entwerten. Das Kind hat ein gewisses Recht, seine Gefühle und Meinungen auch auszudrücken, was allerdings einigermaßen sozialverträglich geschehen muss.

Es ist also in Ordnung, wenn der Jugendliche sich türeknallend in sein Zimmer verzieht und auch mal weint, denn Trauer ist erlaubt. Aber zunächst einmal sollten Sie weder gleich mit Trost bei der Hand sein noch versuchen, die Frustration des Kindes zu relativieren. Eine verständnisvolle, anerkennende Bemerkung kann jedoch deeskalierend wirken, wie etwa: „Ich wusste gar nicht, dass du es dir so gewünscht hast." Oder: „Ich verstehe, dass du sehr enttäuscht bist. Ich hoffe, du kommst bald darüber hinweg." Das Kind soll merken, dass Sie ihm Wertschätzung entgegenbringen, auch wenn Sie zurzeit nicht gleicher Meinung sind und es sich weiterhin Ihrer Anweisung unterordnen muss.

Helfertypen und Co

Die Kunst des Neinsagens hat jedoch auch etwas mit der Persönlichkeit zu tun, und diese ist ein Rätsel, das die Menschheit schon
immer fasziniert hat. Schon die griechischen Philosophen der An-
tike beschrieben vier Charaktertypen: den dominanten Choleriker,
den gemütlichen Phlegmatiker, den fröhlichen Sanguiniker und
schließlich den nachdenklichen Melancholiker. Jeder dieser Cha-
raktergrundtypen wird die Aufgabe der Mutterschaft anders prägen – positiv und negativ. Die Psychologie der Moderne geht ebenfalls von unterschiedlichen Grundzügen der Menschen aus. So
unterscheidet die heute allseits akzeptierte Schematherapie sogar 18
verschiedene Schemata und somit 18 unterschiedliche Charaktertypen. Die Individualpsychologie beschränkt sich wiederum auf vier
Grundtypen, die ich hier auch der Einfachheit halber beschreiben
werde.

Jeder Mensch möchte mit sich im Einklang und möglichst span-
nungsfrei leben. Zusätzlich möchten wir uns vor den Anforderungen oder gar Übergriffen anderer, auch der Kinder, schützen. Dieser
Selbstschutz kann auf vier unterschiedliche Arten geschehen:

- *Das Streben nach Überlegenheit*: Es gibt Menschen, die alles
  besser wissen, alles besser können, alles richtig machen. Sie
  packen Schwierigkeiten schnell an, setzen klare Grenzen, und
  die Familie weiß, woran sie ist. Die *Ich-habe-das-Sagen-
  Mama* wird die Familie gut managen und wenig
  Schuldgefühle haben, wenn etwas schiefläuft – denn
  schließlich haben sich die anderen falsch verhalten. Die
  Begleiterscheinungen werden Machtkämpfe und lautstarke
  Auseinandersetzungen sein. Das stört den dominanten Typus
  aber nicht, denn sein Motto lautet: Ich fühle mich wohl,
  wenn die anderen tun, was ich will, und ich kämpfe mit

Leidenschaft darum. Neinsagen ist für diesen Typ eine Selbstverständlichkeit.

- *Das Streben nach Ruhe und Entspannung:* In dieser Familie wird nicht gestresst, sondern das Genießen hat viel Platz. Man nimmt das Leben, wie es kommt, und versaut sich die Gegenwart nicht durch unnütze Sorgen. Dieser Lebensstil hat aber auch Nachteile: Die Wohnung entspricht möglicherweise nicht dem üblichen Sauberkeitsstandard, und es besteht das Risiko, dass Probleme erst (zu) spät erkannt und angegangen werden. Ich fühle mich wohl, wenn ich meine Ruhe habe, wird hier als Lebensmotto gelebt. Die Kinder der *Lass-mich-in-Ruhe-Mutter* werden viele Freiheiten genießen. Ein Nein wird erst dann kommen, wenn Mama sich gestört fühlt.

- *Das Streben nach Perfektion oder Kontrolle:* Manche Familien sind sehr gut organisiert, die Kinder sind immer rechtzeitig bereit und der Menüplan ist gesund und abwechslungsreich gestaltet. Regeln werden sehr strikt eingehalten und der Tagesablauf wird generalstabsmäßig eingeteilt. Mama möchte wissen, wer, wo, wann, was macht. So weit, so gut. Dieses Kontrollbedürfnis kann aber auch einengen und den Stresspegel wegen perfektionistischer Anforderungen ansteigen lassen. Schuldgefühle können entstehen, da niemand diesen Anforderungen gerecht werden kann. Das Motto der *Ich-habe-alles-im-Griff-Mutter* heißt: Ich fühle mich wohl, wenn alles nach meinem Plan verläuft. Sie kann sich recht gut von den Forderungen der anderen abgrenzen. Allerdings leidet sie unter ihren Anforderungen an sich selbst. Ihr persönliches Wachstum geht Richtung Großzügigkeit gegenüber den anderen und vor allem auch gegenüber sich selbst. Ihre Aufgabe besteht darin, zu ihrem Hang zum Perfektionismus Nein zu sagen.

- *Das Streben, den anderen zu gefallen:* Dies ist im Zusammenleben der idealste Typ. Die *Ich-möchte-es-allen-recht-machen-Mutter* hat ständig die Antenne ausgefahren, um möglichst feinfühlig die Bedürfnisse und Wünsche der anderen aufzufangen. Der *Helfertyp* lebt nach dem Motto: Ich fühle mich wohl, wenn ich die anderen zufriedenstellen kann. Menschen, die dieses Ziel verfolgen, leiden unter einem chronischen Schuldgefühl, denn sie werden ihre eigene Erwartung an sich selbst nicht erfüllen können.

Wir alle leben bewusst oder unbewusst nach unserem eigenen Grundschema, das in der Regel eine Mischung der oben genannten sein kann. Diese haben ihre Vor- und Nachteile: Stärken, an denen wir uns freuen, Schwächen, an denen wir arbeiten können. Vergleichen wir uns also nicht mit unseren Mitmenschen. Dinge, die wir an ihnen bewundern, etwa die Fähigkeit, sich abzugrenzen, fällt anderen leicht, weil dies deren Persönlichkeit entspricht.

Wir können und müssen uns also nicht in eine ganz andere Persönlichkeit verwandeln. Als dominanter Typ kann ich daran arbeiten, auf andere zu hören und gemeinsam eine Lösung zu finden. Und als Helfertyp muss ich mir dringend aneignen, ohne Schuldgefühle Nein zu sagen. Das angeborene und angelernte Grundmuster bleibt in seinen Grundzügen lebenslang bestehen, aber wir können es sozial erträglich und für uns lebbar machen.

8.

Geteilte Verantwortung

Wie bringen wir Kinder dazu, dass sie aus innerem Antrieb gute Entscheidungen treffen? Dies wollte ein amerikanisches Forscherteam herausfinden. Deshalb untersuchte es, wie unterschiedliche Erziehungsstile die moralische Überzeugung der Kinder, also das Empfinden von Gut und Böse, beeinflussen. In ihrer Studie verglichen sie, auf welche Art die drei Erziehungsarten autoritäre Erziehung, Liebesentzug und autoritative Erziehung die Gewissensbildung beeinflussen. Wie Sie der nachfolgenden Tabelle entnehmen können, gibt es beträchtliche Unterschiede.

Erziehungsstil und moralische Überzeugung[27]

Erziehungstechnik	Beschreibung der Methode	Moralische Überzeugung
Autoritäre Erziehung	Strenge Erziehung durch körperliche Züchtigung und Strafen, wenig Ausdruck von Liebe, absoluter Gehorsam	Schwache moralische Überzeugung, gehorcht nur aus Zwang
Erziehen durch Liebesentzug	Entzug von Aufmerksamkeit und Zuneigung, keine Erklärung von Gründen für Erziehungsmaßnahmen	Ängstlich-rigide moralische Überzeugung, Angst vor Verantwortung, Vermeidung von Kritik
Autoritative Erziehung	Erziehen durch Erklären und Aushandeln von Regeln, konsequente und liebevolle Erziehung	Starke moralische Überzeugung, das Kind hält sich an Regeln und Werte ohne ständige Überwachung

Bestimmt wählen Sie denselben Favoriten wie ich: Mit der autoritativen Erziehung führen wir die Kinder zur Selbstverantwortung. Liebevolle und konsequente Leitung führt dazu, dass ein Kind ein Wertesystem entwickelt und sich zunehmend aus eigenem Antrieb im Sinne dieser inneren Überzeugung verhält. Schritt für Schritt wird das Kind in die Richtung trainiert, dass es selbst für sein Handeln geradestehen muss. Das ist befreiend – vor allem für Sie als

---

27 Hoffman, M. L., Moral Development, in Oerter, R./Montada, L., Entwicklungspsychologie, Beltz, Landsberg 2008.

Mutter. Denn nun sind Sie für das Verhalten des Kindes nicht mehr alleine verantwortlich, sondern dieses übernimmt mehr und mehr Verantwortung für sich selbst. Das bedeutet, dass es sich selbst an die Nase greifen muss, wenn etwas schiefläuft. Zusätzlich wird dieses Abgeben von Verantwortung auch die mütterlichen Schuldgefühle verringern.

Doch dieses Übertragen von Verantwortung geschieht nicht über Nacht, und es wird hin und wieder Zeiten geben, in denen Sie daran zweifeln, ob Ihr Kind je zu einem verantwortungsbewussten Menschen heranwachsen wird. Und möglicherweise wird es sein Leben einmal ganz anders gestalten als Sie, aber die inneren Werte, die Sie ihm vorgelebt haben, werden es ein Leben lang begleiten.

Die Weichen richtig stellen

Eine konsequente und liebevolle Erziehung ist die beste Vorbereitung auf die Herausforderungen des Lebens. Viele weitere Studien kommen zu diesem Schluss. So untersuchte ein anderes Forscherteam beispielsweise, welche Auswirkungen verschiedene Erziehungsstile wie antiautoritär, autoritär, autoritativ und vernachlässigend auf das nach außen gerichtete Verhalten der Kinder wie Schulerfolg, Drogenmissbrauch oder Straftaten haben. Zusätzlich untersuchten sie, wie der jeweilige Erziehungsstil auf innere Eigenschaften wie Selbstvertrauen oder Angstgefühle einwirkt.

Auch hier schnitt die autoritative Erziehung (Liebe und Konsequenz) am besten ab. Die nachfolgende Auflistung fasst die erfreulichen Folgen zusammen.

Positive Auswirkungen der autoritativen Erziehung[28]

Autoritative (liebevoll-konsequente) Erziehung führt zu:

- großen Fortschritten in der psychosozialen Reife
  (Selbstvertrauen, Selbsteinschätzung)
- Bereitschaft zu prosozialem Verhalten
  (Rücksichtnahme, Hilfsbereitschaft)
- interner Kontrollüberzeugung
  (Anpassung aus eigener innerer Überzeugung)
- wenig nach außen gerichteten Verhaltensproblemen
  (Disziplinarprobleme, Straftaten)
- wenig nach innen gerichteten Verhaltensproblemen
  (Angstgefühle, Anspannung, Depression)
- wenig Drogenproblemen

Die Auswirkungen der andernen Erziehungsstile waren deutlich schlechter: Es erstaunt nicht, dass vernachlässigte Kinder ihren Altersgenossen in allen Bereichen unterlegen waren. Interessant war, dass die autoritär und antiautoritär erzogenen Kinder eine Mischung aus positiven und negativen Merkmalen zeigten. Die Kinder aus autoritären Familien waren in der Regel gehorsam, angepasst und in der Schule fleißig. Der Preis, den sie zahlen mussten, war aber ein geringes Selbstvertrauen und eine Unterschätzung ihrer Fähigkeiten. Kinder von nachgiebigen Eltern waren nachlässiger in der Schule und hatten mehr Disziplinarprobleme. Sie neigten eher

---

28 Zimbardo P.G., Psychologie, Pearson Schweiz, Zug, 20. Auflage 2014.

zum Missbrauch leichter Drogen oder Alkohol. Dafür zeigten sie viel Selbstvertrauen in ihre sozialen Kompetenzen, also dem selbstbewussten Umgang mit anderen Menschen.

Der Erziehungsstil stellt demnach Weichen für die Entwicklung unserer Kinder und beeinflusst, wie sie mit den Anforderungen des Lebens umgehen werden. Er stellt aber auch die Weichen dafür, in welchem Maße Mütter Schuldgefühle entwickeln werden. Mit einer schrittweisen Übergabe der Verantwortung an die Kinder kann man sich selbst entlasten. Schließlich leben wir unser eigenes Leben und nicht dasjenige der Kinder.

Kinder brauchen Erfolgserlebnisse

Es ist wichtig, dass unsere Kinder jeden Tag spüren, dass ihre Eltern an ihre Fähigkeiten glauben, sie wertschätzen und ihnen etwas zutrauen. Diese positive Haltung lässt das Kind innerlich erstarken und seine schlummernden Talente entdecken.

Auffällige Kinder sind meistens besonders entmutigt. Auf irgendeine Art haben sie es immer wieder erlebt, dass sie schwächer, sensibler, dümmer, ungezogener, ungeschickter waren als ihre Geschwister. Das Trommelfeuer von entmutigenden Erlebnissen durchlöchert das Selbstwertgefühl dieser Kinder und äußert sich oft in unangepasstem Verhalten. Deshalb beginnt jede Veränderung mit Ermutigung. Um eine Schwäche auszugleichen, braucht es mindestens die doppelte Menge von positiven Rückmeldungen! Auch wenn uns ein äußerlich aggressives Kind so stark erscheint wie ein wütender Bär, ist es innerlich verletzlich und zerbrechlich wie ein Schmetterling. Ermutigung bedeutet, diesen inneren Schmetterling zu entdecken, ihm dabei zu helfen, seine Flügel zu entfalten und sich an seinem unbeschwerten Flug zu freuen.[29] Ermutigung hat viele Gesichter.

---

29 Ruthe, R., Die Kunst zu ermutigen, Brendow Verlag, Moers 1988/2006.

Ermutigung heißt – das Kind so anzunehmen, wie es ist

Jedes Kind braucht fortwährend die Bestätigung, dass es gut genug und geliebt ist. Beobachten Sie sich einmal selbst. Vermitteln Sie Ihrem Kind die Botschaft: „Du bist gut genug, so, wie du bist"? Oder kann es sein, dass Sie ihm durch abwertende Bemerkungen oder auch abweisende Gesten ohne Worte zu verstehen geben, dass es Ihren Erwartungen nicht entspricht?

Das Kind annehmen bedeutet nicht, dass Sie all seine Fehlhandlungen akzeptieren müssen. Welche Verhaltensweisen Ihr Kind auch immer wählt, ob es sich schmollend zurückzieht, heimlich die Spielzeit am PC überzieht oder die Schulaufgaben verweigert: Immer sollten wir zwischen dem Handelnden und der Handlung unterscheiden. Das Kind selbst ist nie verwerflich, seine Handlungen aber manchmal schon.

Ermutigung heißt – kleine Erfolge zu planen

„Du kannst das!" Diese Botschaft baut ein Kind auf. Jedes Kind sollte täglich ein kleines Erfolgserlebnis feiern können. Um dies zu ermöglichen, können Eltern Erfolge planen, indem sie große Aufgaben in viele kleine Schritte aufteilen. Wenn wir vor einem hohen Berg stehen, erscheint es uns unmöglich, jemals dort oben anzukommen. Doch wenn wir die Route auf der Karte studieren, sie in kleine Etappen einteilen und genügend Pausen einplanen, kämpfen wir uns langsam, aber sicher auf den Gipfel vor.

Genauso ist es bei der Begleitung unserer Kinder. Wenn wir zu viel auf einmal von einem Kind fordern, erleben wir einen Misserfolg nach dem anderen. Das schlägt auf die Stimmung aller Beteiligter und Schuldgefühle sind die Folge. Unser Blick richtet sich dann vor allem auf das, was das Kind *nicht* kann. Setzen wir hingegen kleine und erreichbare Ziele, dann feiern das Kind und die Eltern einen Erfolg nach dem anderen. Alle schöpfen neue Hoffnung und der unglückselige Sog der Entmutigung ist gestoppt. Jetzt kann sich die Spirale wieder aufwärtsdrehen.

Ein chaotisches Kind wird beispielsweise schrittweise in eine Struktur geführt: Zuerst lernt es, sich an abgemachte Zeiten zu halten, dann lernt es, mithilfe der Mutter seinen Schreibtisch selbst zu organisieren und sein Zimmer aufzuräumen. Langsam wird die Hilfe abgebaut, und Schritt für Schritt lernt das Kind, seine Umwelt zu ordnen, und nach und nach entsteht eine Struktur. Ein einzelner Riesensprung zum ordentlichen Kind wäre eine glatte Überforderung. Aber auch nach diesem Aufbauprogramm wird es nie zu 100 Prozent Ordnung halten. Bei seiner Charakterstruktur sind 80 Prozent schon ein riesiger Erfolg und sollten gebührend gelobt werden.

Ermutigung heißt – dem Kind etwas zuzumuten

Die Schwäche eines Kindes verleitet uns dazu, dass wir ihm die Steine aus dem Weg räumen oder es zu sehr an uns binden. Doch jeder kleine Schritt in die Selbstständigkeit erhöht das Selbstwertgefühl. Auch ein sensibles Kind sollte im Rahmen seiner Möglichkeiten mithelfen. Die Grenze zwischen Verwöhnung und Überforderung ist nicht immer leicht zu erkennen. Kann ich beispielsweise meinem Heimwehkind zumuten, ein Wochenende bei den Großeltern zu verbringen, damit Mama und Papa ausspannen können? Darf ich von einem zweijährigen Kind fordern, dass es in seinem eigenen Bett schläft, auch wenn es beim Einschlafen weint? In der Regel ja.

Wenn man seinem Kind nichts zutraut, stellt man schon früh die Weichen für ein Ausweichverhalten. Auch später wird es sich nicht zutrauen, dass es eine Schwierigkeit überwinden kann. Bei allen Übungen zur Selbstständigkeit ist es jedoch wichtig, dass man einen Rückschlag nicht zu stark bewertet. Hauptsache ist doch, dass das Kind etwas gewagt hat. Beim nächsten Mal gelingt dann hoffentlich auch die Durchführung.

Regeln: vorhersehbar und klar

Jeder Staat, jede Schulklasse und jede Familie braucht Regeln, um gesund zu funktionieren. Auch in einer partnerschaftlich aufgebauten Familie dürfen und sollen die Eltern den äußeren Rahmen vorgeben, denn die Kinder wären überfordert, wenn sie ihr Leben in eigener Regie gestalten müssten. Umgangsformen, die Zeiten, wann gegessen wird, oder Arbeiten, die die Kinder erledigen sollen, werden von den Eltern bestimmt. Meistens sehen die Kinder ein, dass die Forderung nach ihrer Mitarbeit angemessen ist, und sie tragen gute Ideen zur Lösung bei. Durch einen gemeinsamen Entscheid übernehmen nun alle die Verantwortung gemeinsam. Es herrscht nicht mehr das Gesetz des Stärkeren, das Racheakte und Vergeltungsmaßnahmen provoziert.

Regeln sollten folgende Eigenschaften haben

- *Genau umschrieben*: Legen Sie mit Ihren Kindern fest, *wer*, *wie*, *wann* und *weshalb* eine Aufgabe übernimmt. Es beruhigt das Familienleben, wenn man ausführlich bespricht, wer an welchem Tag, zu welcher Zeit den Tisch abräumt, den Rasen mäht, die Zimmer in Ordnung bringt und so weiter. Das Besprochene wird in einer Tabelle schriftlich festgehalten und an einem zentralen Ort aufgehängt. Als Mutter verliert man oft die Übersicht, wer nun mit einer gewissen Aufgabe tatsächlich an der Reihe ist, und manche Kinder nutzen das schamlos aus. Ein Aufgabenplan aber vermeidet manchen unnötigen Streit und verhilft zu mehr Gerechtigkeit.
- *Vorhersehbar*: Kinder (und Erwachsene) hassen es, wenn sie plötzlich mit einem Auftrag überfallen werden oder wenn sich die Spielregeln ständig ändern.
- *Sinnvoll*: Manche Mutter träumt davon, dass ihr Haus ständig blitzblank geputzt und ordentlich aufgeräumt ist. Das ist

jedoch schwer erreichbar, auch wenn man dies zur Familienregel erklären würde. Die Erfolgschance ist deutlich höher,
wenn man aushandelt, dass die Jugendlichen ihr Zimmer
einmal pro Woche an einem von ihnen bestimmten Tag aufräumen und staubsaugen.

- *Geplante Folgen bei Nichtbeachtung:* Jede Regel stellt auch eine
gewisse Verlockung zur Missachtung dar. Die Kinder sollen
wissen, was geschieht, wenn sie aus der Reihe tanzen. Dafür
eignen sich besonders die logischen Folgen, auf die ich weiter
unten eingehen werde.

Natürlich soll eine Familie nicht zu einem Polizeistaat werden. Das
Volk Israel brauchte nur 10 Gebote, um das Zusammenleben zu regeln. So sind in einer Familie wenige Regeln, die Sie aber durch-
ziehen, wertvoller als ein Haufen Vorschriften, die Sie nicht durchsetzen können.

Logische Folgen: Was man sät, wird man ernten

Schon sehr früh zeigen Kinder einen starken Willen. Das ist gut so.
Doch kaum jemand wird willentlich etwas tun, von dem er glaubt,
dass es ihm schadet – das gilt auch schon für kleine Kinder. Diese
lernpsychologische Wahrheit ist ein hochwirksames Erziehungsmit-
tel. Ein Beispiel mag dies erklären: Wenn sich ein Dreikäsehoch beispielsweise trotz der elterlichen Warnung an einem heißen Garten-
grill verbrennt, wird er diese Schmerzquelle in der Folge meiden und
die Warnungen der Eltern beachten. Die *unangenehmen natürlichen
Folgen* lehren den Kleinen weit mehr über die Bedeutung des Wor-
tes *heiß*, als eine Flut von elterlichen Ermahnungen dies tun könnte. Die selbst gewonnene Einsicht bestimmt sein Handeln nachhal-
tiger und bewahrt es zukünftig vor dieser Gefahr. Selbstverständlich
kann man solche natürlichen Folgen nur dann eintreten lassen,

wenn die Folgen für das Kind und seine Umgebung nicht gefährlich sind.

Logische Folgen nehmen diesen lernpsychologischen Ansatz auf und führen ihn weiter. Anstelle von Strafen oder Tadel vonseiten der Eltern soll *das Kind durch die unangenehmen und logischen Folgen seiner Handlungen zu einer Verhaltensänderung gebracht werden.* Das Ziel ist nicht die Bestrafung der schlechten Tat, sondern ein Lernerlebnis. Denn indem das Kind unangenehme Folgen erleidet, wächst bei ihm die Einsicht, dass es sich lohnt, sich entsprechend der Familienregeln zu verhalten.

Diese Konsequenzen wirken am besten, wenn sie in einem direkten Zusammenhang zum Fehlverhalten stehen:[30] Wenn ein Kind unordentlich ist, sollte die Folge damit zusammenhängen. So können beispielsweise die herumliegenden Spielsachen als logische Konsequenz für eine Woche im Keller verschwinden. Schlägt ein Kind ein anderes, sollten die Folgen für dieses Verhalten eine Wiedergutmachung beinhalten. Hier würde passen, dass der *Täter* eine Arbeit für das *Opfer* übernimmt. Und wenn das Kind mutwillig etwas beschädigt, bezahlt es beispielsweise die Reparatur von seinem Taschengeld.

Diese Erziehungsmethode lässt dem Kind einen Entscheidungsspielraum. Es bestimmt selbst, ob es sich an die Regeln halten möchte oder ob es die logischen Folgen seines Handelns ertragen will. Es entscheidet, ob es aufräumen oder auf die Spielsachen verzichten will. Dies ist keine Erpressung, sondern eine sachliche Folge seiner Entscheidung. Damit bereiten wir das Kind auf das Erwachsenenleben vor, denn auch dort wird es die Folgen seiner Entscheidungen tragen müssen. Es wird seine Arbeitsstelle verlieren, wenn es nicht pünktlich erscheint und die aufgetragene Arbeit gewissenhaft verrichtet.

---

30 Dreikurs, R., Kinder fordern uns heraus, Klett-Cotta, Stuttgart 2014.

Leider ist es nicht immer einfach, sich logische Folgen auszudenken. Eine Mutter erzählte mir, dass sie sich mit anderen Müttern diesbezüglich immer mal wieder austauscht und sie als Gruppe zu ganz praktischen und gut umsetzbaren Ideen finden.

So gelingen die logischen Folgen

Eine Mutter berichtete mir einmal, dass ihr erster Anlauf zur Einführung von logischen Folgen leider nur teilweise gelungen sei. Stein des Anstoßes waren damals die Fahrräder, die die Kinder trotz vieler Ermahnungen immer vor der Garage liegen ließen, statt sie an ihren Platz zu stellen. In einem Erziehungskurs hörte sie dann von dem Konzept der logischen Folgen und versuchte, dies gleich umzusetzen. Also erklärten sie und ihr Mann ihrem erstaunten Nachwuchs, dass sie die Unordnung mit den Fahrrädern nicht länger tolerieren würden. Sollten am nächsten Tag die Räder abends nicht ordentlich in der Garage stehen, würden sie für einen Tag auf die Räder verzichten müssen. Die Kinder reagierten wie erwartet: Die Räder lagen wieder kunterbunt verstreut vor dem Haus!

Die Eltern schimpften diesmal nicht, sondern handelten entsprechend ihrer Ankündigung. Am nächsten Morgen wurden die Kinder eine halbe Stunde früher geweckt, denn die Räder standen für einen Tag eingeschlossen im Keller. Nun mussten die Kinder zur Schule laufen. Gab das einen Aufstand! Vor allem der älteste Sohn tobte. Die Eltern zeigten zwar Mitgefühl mit den Kindern und Verständnis für ihren Unwillen, aber sie blieben hart. Am nächsten Tag konnte dann jedes der Kinder selbst bestimmen, ob es die Familienregel befolgen oder ob es zur Schule laufen wollte. Nach diesem konsequenten Eingreifen stellten die beiden Töchter ihre Räder brav in die Garage. Der 14-jährige Sohn gab aber nicht so schnell nach. Als sein Rad wieder hinter verschlossenen Türen landete, „entlieh" er kurzerhand das Rad seines Vaters, oder er borgte sich eines bei den Nachbarn.

Enttäuscht erzählten die Eltern am nächsten Kursabend von ihrem Misserfolg. Warum sprach ihr Sohn auf die neue Methode nicht an? Gemeinsam mit dem Kursleiter suchten sie die Gründe für den Widerstand des Jungen.

Keine willkürlichen Befehle: Zunächst einmal hatten sie die grundlegende Phase der *gemeinsamen Abmachung* übersprungen. Sie hätten sich erst einmal Zeit nehmen müssen, um die Kinder zur Mitarbeit zu bewegen, doch stattdessen gaben sie einfach einen Befehl aus. Die beiden jüngeren Mädchen akzeptierten dies und bestätigten damit die Erfahrung, dass jüngere Kinder in der Regel besser auf logische Folgen reagieren als Halbwüchsige. Der Teenager, der nicht an das konsequente Eingreifen der Eltern gewöhnt war, empfand es als unterdrückend und rebellierte entsprechend. Also holten sie diese Phase der Erklärung und Motivation nach und bezogen die Kinder in die Problemlösung mit ein.

Je früher Sie Ihre Kinder an das Prinzip der familiären Zusammenarbeit gewöhnen, desto besser machen sie in den schwierigen Jahren der Pubertät mit. Auch Vorschulkindern kann man mit einfachen Worten erklären, warum man ein bestimmtes Verhalten wünscht. Ein Dreirad wird weggeräumt, damit es nicht gestohlen wird; das kleine Mädchen darf nicht auf der Straße spielen, damit es nicht überfahren wird. Der Junge muss zu einer bestimmten Zeit ins Bett, damit er morgens wieder aufstehen mag; Mama zieht ihn nicht mehr an, weil er das selbst tun kann, und so weiter. Kinder sind erstaunlich pfiffig und können eine Erklärung ohne hundertmalige Wiederholung begreifen!

Keine Rache: Die Familie fand aber noch mehr heraus. Vor allem bei dem Vater spielte in der Umsetzung der Folgen ein kleines Stückchen Rache mit, denn mit dem Wegsperren der Räder konnte er dem schwierigen ältesten Sohn sein respektloses und verletzendes

Verhalten heimzahlen. Dies bereitete ihm jedes Mal ein großes Vergnügen. Und der Junge spiegelte mit seinem widerspenstigen Verhalten dieses Rachegefühl zurück.

Logische Folgen entfalten ihre Wirkung erst, wenn wir Eltern innerlich aus dem Machtkampf aussteigen und den Gedanken des Heimzahlens fallen lassen. Die Folgen sollen keine Strafe sein, sondern ein Hilfsmittel, damit das Kind sich aus freiem Willen ins Familiengefüge einzupassen lernt. Dabei sollte es immer spüren, dass es geliebt wird und dass seine Eltern die logische Folge nicht gerne anwenden.

Dem Alter gemäß handeln: Bei Kleinkindern entfällt der Teil der gemeinsamen Verhandlung. Hier sind eher natürliche Folgen angesagt.

Der 18 Monate alte Noah nervte in der Trotzphase seine Mutter beim Windelnwechseln. Er schrie und schlug um sich, wodurch er einmal beinahe ihre Brille zertrümmerte. Alles Zureden fruchtete nichts. Da wandte sie das Prinzip der natürlichen Folgen an: Sobald er sein Theater beginnen wollte, befestigte sie die schmutzigen Windeln wieder an seinem Po und brach ihre Arbeit ab.

Erstaunlich, wie schnell der Kleine lernte, dass saubere Windeln keine Strafe, sondern eine erstrebenswerte Zugabe sind. Bei ihm wurden dadurch sehr früh die Weichen gestellt, dass er nicht nach Belieben mit seiner Mama umgehen kann.

Die ausgelösten Gefühle aushalten: Kinder werden die unangenehmen Folgen nicht mit einem Lächeln ertragen. Vielmehr werden sie je nach Temperament Krokodilstränen weinen, einen Wutausbruch vorführen, die Türen knallen oder sich trotzig ins Schicksal fügen. Lassen Sie sich von diesen Gefühlen nicht zu sehr berühren oder gar weichklopfen. Zeigen Sie Verständnis und Mitgefühl, aber bleiben Sie fest. Auch Schuldgefühle haben hier keinen Platz, denn das Kind hat sich selbst in die unangenehme Lage gebracht. Denken

Sie also: *Es ist wirklich traurig, dass mein Kind sich nicht an die Regeln gehalten hat. Aber es trägt selbst die Verantwortung für seine missliche Lage.*

Die Folge ohne viele Worte anwenden: Die Folge spricht für sich allein. Wenn man die erste Phase der gemeinsamen Abmachung sorgfältig durchgeführt hat, weiß das Kind genau, dass es im Unrecht ist, wenn es die Abmachung nicht einhält. Es ist aber ratsam, die unangenehme Situation zu entschärfen, indem man die vereinbarte Folge möglichst schnell und sachlich durchzieht. Das Kind lernt durch die Folge mehr als durch einen ärgerlichen Redeschwall. Ist es nicht viel sinnvoller, wenn wir uns die langen Ermahnungen ersparen und dem Kind anschließend wieder positive Aufmerksamkeit schenken können?

Wer mit logischen Folgen arbeitet, muss sich jedoch bewusst sein, dass man sie nicht jederzeit einsetzen kann. Mitten in einem Machtkampf angewendet, wird das Kind sie nur als ein weiteres Druckmittel empfinden und dagegen ankämpfen. Zuerst muss sich das Familienklima so weit abkühlen, dass man vernünftig miteinander reden kann.

Noch einmal zusammengefasst: Es ist wichtig, dass logische Folgen dem Kind eine klare und verständliche Wahl in Bezug auf die Konsequenzen seines Verhaltens bieten. Es kann sich an die gemeinsam erarbeiteten Regeln halten oder es muss die unangenehmen Folgen tragen. Es soll möglichst schon als Kleinkind lernen, dass es sein Verhalten mit seinem Willen beeinflussen kann und die Folgen seiner Entscheidung tragen muss. Mütter geben damit in wachsendem Maß die Verantwortung an die Kinder weiter und entlasten sich dadurch von zermürbenden Schuldgefühlen.

9.

Ich bin wertvoll

*P*erfektion ist die Krankheit dieser Nation. Wir überlagern unser Gesicht mit Tonnen von Make-up. Wir lassen uns Botox spritzen und hungern, um die perfekte Größe zu erreichen. Wir versuchen, etwas zu flicken, aber du kannst nicht flicken, was du nicht siehst. Es ist die Seele, die einen Chirurgen braucht. Wie kannst du erwarten, dass jemand dich liebt, wenn du dich selbst nicht liebst? Du musst glücklich sein mit dir selbst. Es macht nichts aus, wie du äußerlich aussiehst, es ist dein Inneres, das zählt. Ich möchte mein wirkliches Ich umarmen, und ich wünsche mir, dass auch du dich so umarmst, wie du bist, und dass du dich liebst, genau wie du bist. "[31]

Diese Worte des Megastars Julia Roberts berührten das Herz unzähliger Frauen. Zusätzlich stellte sie ein Selfie auf ihre Facebook-Seite, auf dem sie sich ohne Make-up und mit ersten Falten zeigte. Damit gesellte sie sich zu der großen Menge der Frauen, an denen das Alter nicht spurlos vorübergeht. Selbst hübsche und begehrte Frauen müssen demnach um ihren Selbstwert kämpfen, denn allzu oft werden sie nur nach ihrem Äußeren beurteilt. Letztlich sind wir

---

31 @juliarobertsoriginal/Instagram, aufgerufen am 30. Mai 2016.

alle gleich: Unser Wert liegt in unserm Innern verborgen, und es ist die *Operation an unserer Seele*, die uns weiterbringt.

Menschen, die mit sich Frieden geschlossen haben und in sich ruhen, kommen besser mit den Anforderungen des Lebens zurecht. Sie sind ihren Kindern ein aktives Gegenüber, sie können besser Grenzen setzen und hinterfragen sich nicht ständig wegen ihrer Schuldgefühle. Unser Inneres ist wie ein Edelstein, der seinen strahlenden Glanz erst entfalten kann, wenn er geschliffen wurde. Dabei können verschiedene Facetten zum Glänzen gebracht werden: Selbstannahme, Selbstvertrauen, Selbstbewusstsein, Selbstfürsorge und Selbstverwirklichung. Das sind nicht nur ein paar Schlagworte, sondern sie sind Teil einer gesunden Persönlichkeit.

Selbstannahme: Ich bin okay – auch mit meinen Schwächen
Selbstannahme beginnt im Kopf. Sich selbst zu akzeptieren, bedeutet, sich so anzunehmen, wie man ist. Das ist nicht immer leicht, denn nur sehr wenige Menschen können alle Pluspunkte des Lebens für sich verbuchen. Für die meisten stellt sich jedoch die Lebenswaage ausgeglichen dar: Niemand hat alles und niemand muss sich nur mit negativen Attributen begnügen. So hat jemand vielleicht eine spitze Nase, dafür aber volle Lippen, etwas zu viele Kilos, jedoch einen wachen Geist, ein langsames Denken, dafür eine frohe Natur und, und, und.

Leider sehen sich viele Frauen nur von einer Seite. Wie durch eine Lupe hindurch sehen sie ihre negativen Anteile riesengroß und vergessen dabei all ihre guten Eigenschaften. Welch eine Verschwendung von Talenten und positiven Eigenschaften, wenn diese nicht erkannt werden und sich nie vollständig entfalten können. Leider kann aber die Sicht auf unsere kostbare Persönlichkeit durch negative Botschaften von Eltern, Verwandten, Lehrpersonen und Schulkameradinnen oder anderen Menschen getrübt werden.

Eigentlich müsste unsere Lebensoptik genau umgekehrt sein: Wir konzentrieren uns auf unsere positiven Anteile und söhnen uns mit den Schattenseiten aus. Bestimmt gibt es Dinge, die Sie an sich überhaupt nicht mögen und die Sie regelmäßig ärgern. Dazu gehören zum Beispiel Äußerlichkeiten wie eine zu große Nase, zu viele Kilos oder zu wenig Oberweite. Es können aber auch Eigenschaften wie Schüchternheit, schwache Nerven und Zerstreutheit sein oder Lebensumstände wie zu wenig Bildung, schwierige Familienverhältnisse oder keine erfüllende Arbeit. Wenn wir uns auf diese Aspekte unseres Lebens konzentrieren, meldet sich leider nur allzu oft der tief eingegrabene Gedanke: Ich hasse mich, weil ich zu dick bin, zu langsam ticke und so weiter.

Sie können solche Gedanken aber umpolen, indem Sie Ihre selbsterniedrigenden Sätze durch das Gegenteil ersetzen: „Obwohl ich ... (hier setzen Sie Ihren Negativpunkt ein) ... bin, bin ich ein wertvoller Mensch."

Auf diese Weise öffnen Sie für sich die Tür in eine bessere Welt, denn auch Sie haben Liebe, Respekt und Anerkennung verdient. Schließlich haben alle Menschen Schwächen und Probleme, sogar die Schönen und Erfolgreichen. Also ist es wichtig, dass wir alle lernen, aus dem, was wir haben, das Beste zu machen.

Leider bemerkt man oftmals gar nicht, dass man seine eigenen Talente unter den Teppich kehrt. Denken Sie nur mal darüber nach, wie oft Sie Sätze sagen wie: „Aber das ist doch nichts. Das zählt doch nicht. Das kann doch jeder." Ups, da sind Sie gerade dabei, eines Ihrer Talente zu überdecken. Nicht jede Frau kann ein Haus sauber halten, eine leckere Mahlzeit auf den Tisch zaubern, einmal mehr die Hausaufgaben der Kinder begleiten. Ehre, wem Ehre gebührt – das gilt auch für uns selbst.

Ich bin mir sicher, dass Sie schon so manche Herausforderungen erfolgreich hinter sich gebracht haben: einen Schulabschluss, eine

Geburt, Schwierigkeiten im Geschäft, Spannungen in der Familie. Was hat Ihnen jeweils dabei geholfen? Hartnäckigkeit, Diplomatie, Ausdauer oder Charme? Diese Fähigkeiten und Eigenschaften gilt es zu stärken.

Und wenn Sie sich immer noch fragen, was alles in Ihnen schlummert, sollten Sie überlegen, was Ihnen besonders am Herzen liegt. Denn hinter unseren Wünschen und Anliegen liegen positive Eigenschaften verborgen. Manche Frauen haben ein Herz für andere und empfinden für sie ein starkes Mitgefühl, andere blühen auf, wenn sie sich handwerklich betätigen, manche sind kreativ begabt und wiederum andere ein Bücherwurm. Für alle gilt, dass wir am besten funktionieren, wenn wir unsere Fähigkeiten einsetzen.

Doch nicht immer entdecke ich meine Stärken selbst, sondern andere werden auf sie aufmerksam. Deshalb sollten Sie sich fragen: Wofür loben mich andere? Und wie reagiere ich auf ein solches Kompliment? Nehme ich es freudig entgegen und bedanke ich mich dafür? Wir sollten uns nicht selbst kleiner machen, als wir sind!

Bei all diesen Überlegungen gilt jedoch, dass wir uns nicht auf das Lob anderer verlassen sollten, denn viel wichtiger ist das Selbstlob. Lenken Sie Ihre Aufmerksamkeit auf Ihre Stärken, und malen Sie ein positives Selbstbild von sich, indem Sie sich abends nach einem anstrengenden Tag fragen: Welche Aufgabe oder Situation habe ich heute gut gemeistert? Auf diese Weise stellen Sie Ihre eigenen kleinen und großen Erfolge und Stärken in den Mittelpunkt Ihrer Gedanken und Ihr Schlaf wird wunderbar entspannt sein.

Wenn Sie sich diese Selbstreflexion zu eigen machen, werden Sie langsam, aber sicher ein neues Lebensgefühl entwickeln: „Ich bin wertvoll, so, wie ich bin, mit meinen Stärken und Schwächen."[32]

---

32 Anstöße für dieses Kapitel finden sich bei: http://www.zeitzuleben.de/selbstbewusst sein-und-selbstvertrauen-10-tipps/, Ralf Senftleben, eingesehen am 20. 10. 2016.

Selbstvertrauen: Ich kann das

Selbstvertrauen ist das Vertrauen in die eigene Kraft und die eigenen Fähigkeiten. Diese Kraft ist jedoch nicht bei allen Menschen gleich groß. Die einen Frauen scheinen unerschöpfliche Kraftreserven zu haben, mit denen sie alles im Handumdrehen erledigen. Andere sind langsamer, bedächtiger und müssen deutlich mehr Energie für dieselbe Arbeit einsetzen. Selbstvertrauen bedeutet nicht, dass ich mir auferlege, genau wie meine Schwester oder meine Freundin zu funktionieren. Sich selbst zu vertrauen, heißt, dass ich meine Stärken und Schwächen kenne und mir meine Ziele so stecke, dass ich sie auch erreichen kann.

Menschen, die selbst Lösungen für ihre Probleme suchen, stärken ihr Selbstvertrauen. Sie warten nicht, bis der rettende Prinz in ihr Leben tritt und alles erledigt, was ihnen schwerfällt. Da kann man lange warten! Frauen sind heute glücklicherweise deutlich selbstständiger als früher. Sie haben einen Beruf erlernt, ihr eigenes Leben finanziert und werden auch als Mutter früher oder später wieder zum Familieneinkommen beitragen. Sie haben gelernt, eigenständige Entscheidungen zu treffen, und das stärkt das Selbstvertrauen. Und schließlich hilft hier auch der tägliche Umgang mit den eigenen Kindern, bei dem man immer wieder wichtige Entscheidungen treffen muss, um eine gesunde Entwicklung der Kinder zu fördern.

Unser Selbstvertrauen kann nur dann wachsen, wenn wir über die wichtigsten Dinge im Leben Bescheid wissen. Halten Sie sich deshalb auf dem Laufenden über das, was in Ihrem Umfeld, Ihrer Stadt, Ihrem Land und in der Welt geschieht. Einmal pro Tag die Nachrichten hören oder sehen oder auf einer Online-Plattform durchschauen passt auch in einen vollen Terminplan.

Und noch eins ist wichtig: Verschaffen Sie sich eine Übersicht über Ihre Familienfinanzen, denn die Zeiten sind vorbei, in denen der Ehemann allein über sie entschieden hat.

Eine Bekannte erzählte mir: „*In meiner Familie haben wir zu Beginn unserer Ehe die Aufgaben in traditioneller Weise verteilt. Mir fielen die Hausarbeiten zu und mein Mann übernahm kleine Reparaturen und die grobe Gartenarbeit. Doch es hat oftmals Monate bis Jahre gedauert, bis er die lange Mängelliste nur mal in die Hand genommen geschweige denn einen Mangel behoben hat. Immer wieder gab es Streit deswegen und ich wurde in die Rolle der unzufriedenen Nörglerin gedrängt. Irgendwann ist es mir zu dumm geworden, immer als Bittstellerin dazustehen, sodass ich schließlich die Liste der aufgeschobenen Dinge selbst in die Hand nahm: Ich erledigte, was ich konnte, und reparierte die Kleinigkeiten selbst. Für die größeren Projekte engagierte ich kurzerhand einen Handwerker, und mein Mann staunte nicht schlecht, als seine Liste plötzlich sehr kurz geworden war. Als Belohnung für mich gönnte ich mir die Teilnahme an einem Frauenverwöhnwochenende, das von meiner Kirche angeboten wurde. Die Kinder überließ ich meinem Mann, als Ausgleich dafür, dass ich seine Arbeit erledigt hatte. Finanziell mussten wir nur kleine Abstriche machen, um die eingekaufte Arbeit zu bezahlen. Aber es hat sich gelohnt, denn die Familienatmosphäre war dadurch deutlich besser. Mein Mann wusste nun, dass er wählen konnte, die Dinge selbst zu erledigen oder eine Leistung einzukaufen.*" Wie Sie sehen, kann man seine Selbstständigkeit mit ganz kleinen Dingen verstärken:

- Die Aufteilung der Hausarbeit mit Mann und Kindern absprechen und entsprechend der Begabungen und zeitlichen Verfügbarkeit verteilen.
- Die Rechnungen per E-Banking bezahlen, denn ich bin nicht hinter dem Mond.
- Den Umgang mit den Familienfinanzen mitbestimmen, denn frau trägt – ob als Hausfrau oder als Berufstätige – auch dazu bei.

Nehmen wir also unser Leben selbst in die Hand und lösen wir unsere Probleme eines nach dem anderen. Zuerst erledigen wir die kleinen Dinge und dann wagen wir uns an die größeren. Das schafft Vertrauen in die eigene Kompetenz und stärkt die Selbstachtung. Machen Sie sich das folgende Lebensmotto zur Selbstverantwortung zu eigen: „Ich nehme mein Leben in die Hand und warte nicht darauf, dass andere meine Probleme lösen."

Selbstbewusstsein: Ich weiß, wer ich bin und was ich will
Hin und wieder steht man in der Gefahr, dass man durch die ständigen Anforderungen von außen beinahe vergisst, wer man eigentlich ist und was man kann. Wir alle sind einzigartig mit unserem Mix aus ererbten Eigenschaften, eigenen Entscheidungen und den Fügungen des Lebens. Unsere Herkunft prägt uns und das darf auch ruhig so sein.

Sie kommen aus einem Arbeiterelternhaus? Dann sollten Sie stolz darauf sein, denn Ihre Eltern haben sich mit harter Arbeit durchs Leben gekämpft. Ihre Mutter war alleinerziehend? Gratulation an sie, denn sie hat bestimmt alles für Sie gegeben, und Sie mussten sich schon früh mit Herausforderungen auseinandersetzen. Sie hatten das Vorrecht, in einem wohlhabenden Elternhaus aufzuwachsen? Dann machen Sie etwas aus diesem Startkapital.

Ihre Geschichte wird Ihre Kinder positiv prägen, wenn Sie selbst ein Ja zu Ihrer Situation haben. Unsere Kinder wuchsen mit einem Psychiater als Vater und einer Psychologin als Mutter auf. „Die armen Kinder", meinte einmal ein Lehrer etwas mitleidig. Heute arbeiten zwei unserer Söhne als Lehrer, und nicht selten werden ihnen schwierige Kinder zugeteilt, da sie gut mit diesen umgehen können. Anscheinend hat ihr Elternhaus auf sie abgefärbt.

Niemand kann im Leben alles haben. Deshalb ist es gut herauszufinden, was einem wirklich wichtig ist und wo man nicht bereit ist, Kompromisse zu machen. Weil das Leben von Müttern ganz besonders deutlich in verschiedene Lebensabschnitte eingeteilt ist, sollte man sich in jedem dieser Abschnitte auf das konzentrieren, was einem gerade wichtig ist. Manche Wünsche und Ziele, wie geruhsame Wochenenden oder ausreichend Freizeit, muss man wohl oder übel auf spätere Lebensabschnitte verschieben. Und dann gibt es mehr als genug davon.

Leider spielt man sich zu oft gegenseitig eine heile Welt vor, denn andere sollen meine Schwächen nicht bemerken. Warum eigentlich nicht? Damit tut man sich selbst keinen Gefallen, denn wenn man vor anderen nicht zu seinen Schwächen stehen kann, vermittelt man sich selbst die Botschaft, dass man nicht liebenswert sei. Dadurch streut man sozusagen Dünger in das Gestrüpp der eigenen Minderwertigkeitsgefühle. Beim gegenseitigen Austauschen von Erfolgen und Niederlagen hingegen kann eine ganz besondere Vertrautheit entstehen, die allen Beteiligten weiterhilft. So ist es für mein Gegenüber ungeheuer erleichternd, wenn ich auf dessen Klagen antworte: „Ja, das ist bei mir auch so." Gemeinsames Leid ist halbes Leid. Sie werden bemerken, wie viele Menschen an den gleichen Dingen zu kauen haben wie Sie. Letztlich kochen wir alle nur mit Wasser. Also zeigen Sie sich vertrauenswürdigen Menschen gegenüber so, wie Sie sind. Stehen Sie zu Ihren Ängsten, zu Ihrem Ärger, zu Ihren Hoffnungen. Sagen Sie es, wenn Ihnen etwas unangenehm ist.

Das Lebensmotto dazu lautet: „Ich weiß, wer ich bin und wo ich stehe."

Selbstfürsorge: Ich sorge gut für mich

Mütter sind Expertinnen in der Fürsorge für andere. Sie kochen das Lieblingsgericht jedes Familienmitglieds. Sie sorgen für den nie versiegenden Nachschub an sauberer Wäsche. Sie gewährleisten den

Schulerfolg der Kinder. Kurz: Sie sind die gute Fee, die die Bedürfnisse aller kennt, noch bevor diese sie äußern.

Dummerweise vergessen wir dabei manchmal uns selbst. Im Stress der Kleinkindphase gönnen wir uns kaum einen modischen Haarschnitt, wir begnügen uns mit alten Klamotten und unsere eigenen Interessen werden für Jahre eingefroren. In der Hektik der Kombination von Beruf und Familie bleibt kaum Raum, um überhaupt daran zu denken, dass auch wir Bedürfnisse haben.

Der erste Schritt in die heilende Welt der Selbstfürsorge besteht darin, die eigenen Bedürfnisse erst einmal wahrzunehmen. Fragen Sie sich im Stress des Alltags immer wieder einmal: Was genau tut mir gut, um mich zu entspannen und neue Kraft zu schöpfen? Eine Ruhepause? Eine Unterhaltung mit meiner Freundin? Ein warmes Bad? Ein Einkaufsbummel in der Stadt? Meine Lieblingsmusik? Als Mutter ist es kaum möglich, große Schritte zu machen, wie etwa eine Weltreise zu buchen oder das Leben total umzukrempeln. Oft sind es nur kleine Dinge, mit denen wir uns selbst eine Freude machen oder den Alltagstrott unterbrechen können. Es gibt immer einen kleinen Handlungsspielraum und den dürfen wir ausreizen.

Freundlichkeit uns selbst gegenüber sollte eigentlich eine Selbstverständlichkeit sein. Überlegen Sie einmal: Gehe ich mit mir selbst um wie mit einer Freundin? Sage ich mir selbst, dass ich mich mag, dass ich wertvoll bin, dass mir mein Aussehen gefällt, dass ich eine gute Mutter bin?

Unsere Freundschaft mit uns selbst kann sich folgendermaßen ausdrücken:

- Wir hören einer Freundin gut zu, ohne sie zu verurteilen. Das gilt auch für mich selbst. Deshalb sollten wir uns selbst zugestehen, dass wir hin und wieder Fehler machen. Wir verzeihen uns diese genauso, wie wir es der Freundin gegenüber tun würden. Schließlich ist niemand perfekt und man darf mal einen schlechten Tag haben.

- Wir bauen unsere Freundin auf und machen ihr Mut, wenn ihr ein Fehler passiert ist. Warum sollen wir dies nicht auch uns selbst gegenüber praktizieren? Deshalb sollten wir in schwierigen Situationen ein positives Selbstgespräch führen und uns Mut machen, anstatt uns selbst zu verurteilen.

Dieser liebevolle Umgang mit uns selbst liegt uns nicht im Blut. Die Versuchung ist immer da, dass man sich schlechter macht, als man ist. Aus diesem Grund muss diese Verhaltensänderung immer wieder geübt werden. Vertiefen Sie Ihre Freundschaft mit sich selbst, indem Sie sich regelmäßig an Ihren Wert erinnern, etwa durch Post-it-Notes oder durch ein Smiley via Handy-Alarm. Sie könnten auch ein kleines *Streicheltagebuch* führen, in dem Sie sich eine Zeit lang jeden Tag kurz notieren, wie Sie sich ermutigt haben. Zum Beispiel: „Habe mich nicht aus der Ruhe bringen lassen, als mir das Schnitzel angebrannt ist. Normalerweise hätte ich mich eine schlechte Köchin geschimpft. Heute habe ich mich getröstet, dass dies jedem passieren kann und dass ich trotzdem ein wertvoller Mensch bin."

Viele Menschen haben große Mühe, für ihre Wünsche und ihre Interessen einzustehen. Vielleicht, weil tief in ihrem Innern das Gefühl an ihnen nagt, dass sie nicht gut genug oder nicht brav genug seien, um Gutes zu empfangen. Mütter sind hier in besonderer Gefahr, denn sie haben vorrangig ihre Kinder im Blick. Es gibt eine gute, aber gleichzeitig herausfordernde Nachricht für Sie: Nur ein einziger Mensch kann Ihnen die Erlaubnis erteilen, sich Gutes zu gönnen. Dieser Mensch sind Sie selbst.

Würden Sie zulassen, dass Ihr Sohn Ihre Freundin anschreit und ihr erniedrigende Worte nachruft wie *blöde Kuh* oder *dumme Gans*? Bestimmt nicht. Auch Sie sind ein wertvoller Mensch und müssen sich dies nicht gefallen lassen. Als Mutter haben Sie viel Macht in der Hand, denn selbst der rebellischste Teenager ist auf Sie angewiesen. Beenden Sie also eine Diskussion, sobald sie in Beschimpfungen ausartet. Wenn Ihr Kind etwas von Ihnen möchte, kann es dies auf anständige Art vorbringen. Falls es sich nicht dazu durchringen kann, reduzieren Sie einfach Ihren Service, indem Sie beispielsweise seine Kleider nicht waschen, das Taschengeld kürzen und anderes mehr.

Mit sich selbst im Reinen zu sein, ist eine Reise mit vielen kleinen Schritten nach vorn, aber auch einigen Rückschritten. Doch der Aufwand lohnt sich und erhöht die Lebensqualität sehr – für die ganze Familie.

Auf unserer Lebensreise verfolgen wir deshalb das aufbauende Motto: „Ich behandle mich, wie ich eine gute Freundin behandle."

Selbstverwirklichung: Ich lebe meine Werte

Darf man sich selbst verwirklichen? Ist das nicht egoistisch? Als Mütter richten wir uns in der Tat vor allem auf die Entwicklung unserer Kinder aus. Sie sollen innerlich stark sein, ihre Gaben entfalten, das Beste aus sich machen. Genau das gilt aber auch für Sie als Mutter. Schließlich brauchen die Kinder ein Vorbild, an dem sie sich orientieren können.

Ich wuchs auf einem sehr kleinen Bauernhof auf. Das Einkommen reichte gerade zum Lebensnotwendigen. Aber wir waren trotzdem reich – kinderreich mit unserer Siebnerbande. Meine Eltern konnten uns keine große Erbschaft hinterlassen, aber sie gaben uns sieben Geschwistern viel Wertvolles mit, indem sie ihre Werte lebten. Meine Mutter war ein aktives Mitglied des Blauen Kreuzes und engagierte sich dort in der Kinderarbeit und in der Alkoholprävention. Mein Vater wurde von manchen belächelt, war er doch schon in den 1950er-Jahren Biobauer und aktiver Naturschützer. Unsere

Eltern haben uns das Wichtigste überhaupt mitgegeben: Werte – für die es sich zu leben lohnt.

Heute wohne ich in einer städtischen Umgebung in Basel und darf als Mitglied des Großen Rats im ehrwürdigen Rathaus aus und ein gehen. Wenn ich im historischen Plenarsaal sitze und den edlen Raum, in dem einst die mächtigen Basler Handelsherren tagten, auf mich wirken lasse, komme ich mir wie in einem Film vor. Denn tief im Herzen bin ich noch immer das Bauernkind, das barfuß auf den Wiesen spielte. Wenn ich vorne am Rednerpult stehe und für ein ökologisches Anliegen oder für eine verbesserte Alkoholprävention bei Jugendlichen einstehe, scheint es mir manchmal, als würden mir meine Eltern wohlwollend aus der Ewigkeit zunicken.

Es gibt viele Werte wie: Gerechtigkeit, Liebe, Fürsorge, Erfolg, Selbstbestimmung, Harmonie, der Glaube an Gott, Bewahrung der Schöpfung und, und, und. Welche Werte sind Ihnen wichtig? Und diese Werte, die mir wirklich wichtig sind und die ich bewusst auswähle, festigen meine Selbstachtung, wenn ich sie im Alltag lebe.

Ihre Kinder werden Ihre Werte nicht immer mittragen oder manchmal gar darüber lächeln. Das ist normal. Trotzdem werden sie von ihnen geprägt und irgendwann im Leben werden sie wieder an die Oberfläche stoßen.

Leben Sie das folgende Lebensmotto mit Würde: „Ich bin mir selbst treu."

Frauen prägen die Welt

Wir Frauen sind ein wichtiger Bestandteil unserer Gesellschaft und sollten dies auch zeigen. Jesus hatte immer wieder intensive Begegnungen mit einzigartigen Frauen. Nach seinem triumphalen Einzug in Jerusalem war er bei einem bekannten Bürger eingeladen. Schmackhaftes Essen, tiefschürfende Gespräche, hitzige Diskussionen prägten die Atmosphäre. Plötzlich trat eine unbekannte Frau in den Saal. Ohne Worte kniete sie sich vor ihn hin, öffnete einen wunderschönen Glasflakon und rieb Jesu Füße mit einem kostbaren Öl ein. Die anwesenden Männer hielten erschrocken die Luft an, denn das *verschwendete Öl* hatte den Wert des Jahresgehaltes eines Tagelöhners. Heute wären das rund 25 000 Euro. Was für eine Verschwendung! Wieder einmal reagierte Jesus völlig anders, indem er die Frau für ihre prophetische Handlung lobte.[33] Was lernen wir daraus?

Starke Frauen besinnen sich auf ihre Schätze: Jede Frau hat ihre besonderen Schätze wie ein Gefühl für Schönheit und Kreativität oder ein Gespür für andere, Intelligenz, Organisationstalent, Ordnungssinn ...

Starke Frauen sprechen die Sprache der Liebe: Verschwenderisch verschenken sie ihre Begabung an andere. Sie richten sich nicht an der Meinung der anderen aus, sondern gehorchen ihrem Herzen.

Starke Frauen setzen ihre Empfindsamkeit für andere ein: Intuitiv wissen sie, was ihr Kind gerade braucht. Jene unbekannte Frau handelte aus einem inneren Gefühl heraus. Sie spürte die Vorboten des kommenden Verrats an Jesus und salbte ihn in Vorbereitung auf seinen nahenden Tod.

Frauen haben während der ganzen Menschheitsgeschichte in ihren Familien und in ihrer Gesellschaft einen entscheidend wichtigen Beitrag geleistet. Jede an ihrem Platz.

---

33 Vgl. Markus 14,3–9.

10.

Kinder, Küche, Karriere

Bundesministerin Manuela Schwesig führt dem Land vor, wie es geht: Kind und Karriere. Vergangenen Dienstag verkündete Manuela Schwesig, dass sie im kommenden März ihr zweites Kind erwartet." So führte die Zeitschrift *Die Bunte* in ein Interview mit der Ministerin ein. Offen erzählte die junge Mutter über die vielfältigen Herausforderungen, denen sie sich täglich stellt.

Auf die Frage, ob sie hin und wieder ein schlechtes Gewissen habe, antwortet die Familienministerin: „Das kommt vor, vor allem wenn ich eine ganze Woche nicht zu Hause sein kann. In der Regel versuche ich, nach Schwerin zu pendeln. Wenn ich das nicht schaffe, plagt mich manchmal das schlechte Gewissen. Mein Sohn beschwert sich nicht, aber mir geht es manchmal nicht so gut dabei." Wie verbringt die Ministerin ihre Zeit mit den Kindern? „Ich nutze jede freie Minute. Vielleicht habe ich weniger Zeit als andere Mütter, aber wir nutzen sie intensiv. Das heißt aber nicht, dass wir dann ausschließlich etwas Besonderes machen. Mein Sohn und ich verbringen dann einen ganz normalen Alltag miteinander. Dazu gehören Dinge wie einkaufen, Hausaufgaben machen, zusammen spielen, eben alles, was in einer Familie normal ist."

Und wie bringt sich der Vater ein? Herr Schwesig betreut den kleinen Sohn und lebt das Modell des *neuen Vaters*. Manuela Schwesig meint zur Rollenverteilung von Mann und Frau: „Ich bin dafür, dass Männer und Frauen sich auf Augenhöhe begegnen. Das heißt aber nicht, dass ich biologische Unterschiede negiere, aber sie dürfen nicht zu Nachteilen für uns Frauen führen. Ich finde es wichtig, dass nicht so getan wird, als ginge es einem Kind nur gut, wenn es von seiner Mutter umsorgt wird. Für meine Familie kann ich ohne Zweifel sagen, dass sich mein Mann genauso liebevoll um unseren Sohn kümmert wie ich."[34]

Steinzeitmütter?

Nicht alle Mütter sehen ihre schöne neue Welt in der gestressten Kombination von Arbeit und Familie. Eva Herman, die bekannte ehemalige Tagesschausprecherin, sorgte mit ihrem Buch *Das Eva Prinzip – für eine neue Weiblichkeit*[35] für Aufsehen. Sie erzählt darin, wie sie einmal von einer Journalistin gefragt wurde, wie sie leben würde, wenn sie nochmals von vorne beginnen könnte. Ihre unerwartete Antwort lautete: „Ich würde mir einen Mann suchen, ihn arbeiten lassen und mich um unsere fünf Kinder kümmern." Die Reaktionen waren emotional und kontrovers: Karrierefrauen zeigten sich entsetzt von dieser Rückkehr in die *Steinzeit*. Doch zahlreiche Mütter und Hausfrauen baten sie, noch viel öfter solche Äußerungen zu tun. Sie erzählte weiter, wie sie immer mehr gearbeitet habe, um Bestätigung von außen zu erlangen. Erst die Geburt ihres Sohnes habe ihr klargemacht, dass uns Kinder und Familie unverzichtbare Erfahrungen von Nähe und Bindung schenken.

Auch auf der anderen Seite des Atlantiks werden Frauen, die sich

---

34 Bunte 39/2015.
35 Herman, E., Das Eva-Prinzip: Für eine neue Weiblichkeit. Pendo Verlag München und Zürich, 2006.

für ihre Kinder entscheiden und aus der Arbeitswelt aussteigen, als rückständig beschimpft. Claudia Schumacher schildert dies in der Neuen Zürcher Zeitung so: „Der andere Schauplatz, an dem der Feminismus gerade Frauen attackiert, die ihm nicht hörig sind, ist New York: Junge, wohlhabende Mütter und Hausfrauen wurden als *Primaten* beschimpft, weil sie von ihren Ehemännern einen *Hausfrauenbonus* bezahlt bekämen. Schon allein, dass sie zu Hause bleiben, alarmiert Feministinnen. Dass die Damen aber aufgrund ihres Studiums und der Sozialisierung im New York des 21. Jahrhunderts mündig genug sind, um selbst zu entscheiden, geht Feministinnen offenbar nicht in den Kopf."[36]

Die bekannte Theologin und Autorin Margot Käßmann hat die gegenwärtige Diskussion mit treffenden Worten zusammengefasst: „Wie immer Frauen leben, es wird kritisiert: Hat sie Kinder und ist zu Hause, so ist sie ein unbedarftes Heimchen am Herd. Hat sie Kinder und ist berufstätig, so ist sie eine Rabenmutter und Gebärmaschine. Hat sie keine Kinder, ist sie eine karrierefixierte Zicke."

Doch trotz aller Diskussionen sind Frauen aus dem Erwerbsleben nicht mehr wegzudenken und sie tragen erheblich zum Familieneinkommen bei. Immerhin verdient sogar in 10 Prozent der Haushalte die Frau über 60 Prozent des Gesamteinkommens. Dies ist sicher auf die heutige gute Bildung der Frauen zurückzuführen. 25 Prozent der Mütter sind sogar Familienernährerinnen, wobei ein Teil davon Frauen sind, die Karriere machen und wo der Mann zu Hause bleibt. *Karrierepaare* bekommen nicht selten ihre Kinder erst mit Mitte dreißig und können ihnen sehr viel bieten – zumindest im finanziellen Bereich. Ein guter Verdienst, der ausreichend Hilfe im

---

36 Schumacher, C., NZZ am Sonntag online, https://www.google.ch/?gws_rd=ssl#q= feminismus+nzz+schumacher, aufgerufen am 21.6.2015.

Haushalt ermöglicht, erleichtert die Vereinbarkeit von Familie und Beruf.

Leider können viele Mütter von diesen rosigen Zuständen nur träumen. Sie gehören zu den 29 Prozent der Frauen, die sich ihr Brot äußerst hart im Billiglohnsektor erarbeiten und/oder ihre Kinder als Alleinerziehende durchbringen müssen. Denn längst nicht immer arbeiten Mütter von kleinen Kindern freiwillig außerhalb der Familie – die finanziellen Verhältnisse zwingen sie ganz einfach dazu!

Wie viel Mutter braucht das Kind?

Wenn wir so über die Berufstätigkeit der Eltern nachdenken, dann stellt sich unweigerlich die Frage: Wie viel Mutter braucht das Kind? Mütter und auch Väter sind für ihr Kind das Zentrum der Welt, der sichere Hort und die Quelle der Zuwendung. Ohne Mütter und Väter geht es nicht, das ist so gut wie allen Eltern bewusst, und deshalb wägen auch die meisten Eltern sorgfältig ab, wann sie ihre Kinder von anderen Menschen betreuen lassen wollen, denn sie möchten ihrem Kind nicht schaden. In den letzten 20 Jahren wurden die Folgen der familienergänzenden Kinderbetreuung intensiv erforscht. Längsschnittstudien aus verschiedenen europäischen Ländern und Nordamerika entlasten viele besorgte Eltern, denn sie zeigen auf, dass Kinder unter verschiedenen Betreuungsarten gut gedeihen können. Die folgenden Punkte scheinen dabei besonders wichtig zu sein:

Das Kind soll zu seinen Eltern eine intensive Bindung aufbauen können. Das wird folgendermaßen beschrieben: „Für seine gesunde Entwicklung braucht ein Kind sichere Bindungen. Es braucht Bezugspersonen, die sensibel auf seine Bedürfnisse eingehen, die seine Versuche zu kommunizieren – sei es durch ein Lächeln, eine Geste, eine Lautäußerung – beantworten. Diese Personen müssen dem Kind sowohl emotionale Stabilität geben als auch Raum für eigenständige Erkundungen seiner Umgebung gewähren. In der Entwicklungspsychologie ist unumstritten, dass umfassende sensorische und soziale Umweltanregungen in den ersten Lebensjahren eine zentrale Bedeutung haben. Diese Anregungen müssen nicht unbedingt und nicht ausschließlich von der Mutter bereitgestellt werden. Kinder erhalten zusätzliche Lernimpulse, wenn sie nicht nur durch eine einzige Person, sondern auch zum Beispiel vom Vater betreut werden (...) Kinder, die sicher gebunden sind, kommen besser in Kindergarten und Schule zurecht, sind sozial kompetenter und zeigen weniger Verhaltensauffälligkeiten."[37]

Über Jahrhunderte hinweg wurden Kinder nicht ausschließlich von ihren Müttern betreut. Auch in den Großfamilien zu biblischen Zeiten war das Kind in einem eng geknüpften Netz von Beziehungen zu Eltern und Geschwistern, Großeltern und Nachbarn, Tanten und Onkeln aufgehoben. In der heute üblichen Kleinstfamilie wird dies durch den Besuch in der Kita oder durch die Betreuung durch die Tagesmutter ersetzt.

Eine sichere Mutter-Kind-Beziehung wird durch einen Krippen- und Kindergartenbesuch nicht beeinträchtigt, besonders wenn das Kind nicht vor Vollendung des ersten Lebensjahres dort untergebracht wird. Dies bestätigt eine breit angelegte Studie der wertkonservativen Konrad Adenauer Stiftung.[38] Allerdings soll der Übergang in die familienergänzende Umgebung sorgfältig und langsam erfolgen und die Qualität und Beständigkeit der familienergänzenden Betreuung ist wichtig. Hierzu gehören kleine Gruppen, in denen

---

37 http://arbeitsblaetter.stangl-taller.at/ERZIEHUNG/Bindung.shtml, aufgerufen am 16.05.2016.
38 Konrad Adenauer Stiftung ANALYSEN & ARGUMENTE, Oktober 2015, Ausgabe 188.

die betreuenden Personen sensibel auf die Bedürfnisse des Kindes eingehen können, wenige Betreuungspersonen, kein häufiger Wechsel. Einen Einfluss hat auch die Dauer der familienergänzenden Betreuung. Viele Eltern machen gute Erfahrungen, wenn sie diese langsam steigern. Die Studie spricht von 30 Betreuungsstunden pro Woche als einer Obergrenze, sodass die Bedürfnisse des Kindes befriedigend berücksichtigt werden können.

Sind Väter die besseren Mütter?

Warum brauchen Kinder einen Vater? Diese Frage wurde dem bekannten Psychiater Prof. Dr. Horst Petri in einem Interview der Zeitschrift *Wir Eltern* gestellt. Seine Antwort lautete: „Früher glaubte man, der Vater sei frühestens ab dem Schulalter bedeutsam für die Kinder. Heute weiß man, dass er schon im ersten Lebensjahr ganz wichtige Funktionen erfüllt, und zwar in der Dreiecksbildung Mutter – Vater – Kind. Bei dem schwierigen Prozess, bei dem sich das Kind aus der Symbiose mit der Mutter löst, muss der Vater die damit verbundenen Trennungsängste sozusagen abpuffern. Er bietet gleichzeitig schon sehr früh ein männliches Identifikationsobjekt. Die Mutter unterstützt eher das Bindungsverhalten, den gefühlsmäßigen Austausch, die Sprache, die Fürsorge, während der Vater sehr früh Erkundungsverhalten und Expansionswünsche der Kinder unterstützt. Das sind grundlegende Unterschiede und das Kind braucht beides."[39]

Oftmals ist es der Vater, der das Kind mit Neuem konfrontiert, es zu einem Wagnis ermutigt und in die Außenwelt hinausführt. Bildlich gesprochen erzieht eine Mutter einfühlsam wie eine Heilpädagogin, während der Vater nicht selten eher den Drill einer Rekrutenschule nachahmt. Diese beiden unterschiedlichen Ansätze der

---

39 Kesselring, R., in „Wir Eltern", 26. Juni 2008.

Kinderbetreuung schaden dem Kind nicht, wenn seine Eltern sich gegenseitig mit Respekt behandeln. Im Gegenteil, das Kind wird durch die unterschiedlichen Verhaltensweisen von Mama und Papa auf die Widrigkeiten des Lebens vorbereitet. Denn schließlich werden sich auch später Menschen unterschiedlich verhalten, was es zu akzeptieren gilt.

In den letzten Jahren konnte jedoch beobachtet werden, dass Väter wie die Mütter zunehmend einem gesellschaftlichen Druck ausgesetzt sind, weil ihre Rolle sich drastisch verändert hat. Während ein Vater sich früher ohne schlechtes Gewissen seinem Vollzeitjob widmen konnte und seine Frau ihm zu Hause den Rücken freihielt, wird er heute vermehrt an seine Vaterpflichten erinnert. Hausmänner wurden lange Zeit hinter vorgehaltener Hand als Softies abqualifiziert und nicht ernst genommen.

Doch die neuen Männer möchten im Leben ihrer Kinder eine stärkere Rolle spielen. Eine repräsentative Studie[40], die das Meinungsforschungsinstitut *Demoscope* im Auftrag der *Schweizer Illustrierten* durchgeführt hat, zeigt: 82 Prozent aller Väter, die Teilzeit arbeiten, sind mit der Balance zwischen Kindern und Job zufrieden. Bei den Vätern mit Vollzeitstellen sind es hingegen nur 55 Prozent. Die Teilzeitarbeit hat offenbar noch weitere Vorteile: Zwei Drittel geben an, die geringere Arbeitszeit wirke sich positiv auf ihre Paarbeziehung aus. Väter, die Teilzeit arbeiten, sind also glücklicher, schließt die Studie.

Nicht immer ist es der Arbeitgeber, der Väter daran hindert, sich mehr um die Kinder zu kümmern. Manchmal ist es auch die Mutter, die den Vater von den Kindern fernhält. Die Wiener Psychologin Lieselotte Ahnert beobachtete in einer groß angelegten Studie

---

40 http://www.tagesanzeiger.ch/leben/gesellschaft/Vaeter-mit-Teilzeitjob-sind-gluecklicher/story/30527540, aufgerufen am 06.11.2015.

ein Phänomen, das sie *Gatekeeping* nennt und folgendermaßen beschreibt: „Nach der Geburt des Babys ziehen die Frauen fast alle Aufgaben an sich. Sie machen ihrem Mann keinen Mut, sich auf das Kind zuzubewegen. Sie kritisieren viel und wissen besser, wie die Pflege des Babys vonstattenzugehen hat."[41] So werde schon in den ersten Tagen und Monaten die Rolle des Vaters festgelegt. Je mehr sich eine Frau auf ihre Rolle als Mutter beschränke, umso weniger gewähre sie ihm Zugang zu den Kindern. Es liege also auch in der Hand der Mütter, wie stark sich der Vater überhaupt in der Familie einbringen kann.

Die neuen gesellschaftlichen Entwicklungen jedoch bringen die Väter wieder vermehrt ins Leben der Kinder hinein. Ein guter Trend – denn Kinder brauchen beide Elternteile.

Wie organisiere ich meine Familie?

Heute kann jede Familie selbst entscheiden, wie sie ihr Familien- und Berufsleben gestalten will. Diese neue Freiheit ist gleichzeitig ein Vorrecht und eine Herausforderung. Die folgenden Fragen können zur Entscheidungsfindung beitragen.

Gestatte ich mir als Mutter, für einige Jahre aus dem Beruf auszusteigen? Nicht alle Mütter drängt es möglichst schnell zurück in den Beruf. Manche Paare entscheiden sich für eine größere Familie und die Frau arbeitet als Vollzeitmutter. Auch dies kann sehr befriedigend sein, denn ein Wiedereinstig in den Beruf ist in der Regel auch später möglich. Wie anfangs geschildert, steigen Mütter vermehrt für längere Zeit aus dem Berufsleben aus und gönnen sich Zeit mit ihren Kindern, nach dem Motto: Auswärts arbeiten kann ich immer, aber meine Kinder sind nur kurze Zeit klein. Tun Sie sich mit anderen Müttern zusammen, tauschen Sie Ihre Erfahrungen in der Erziehung

---

41 Kullmann, K., Lasst die Väter ran, in Der Spiegel 52/2015.

aus, bilden Sie sich in Erziehungsfragen weiter. Schließlich üben Sie einen wichtigen Beruf aus: Sie erziehen Ihre Kinder selbst.

Sind meine Kinder für die familienergänzende Betreuung bereit? Viele europäische Länder gewähren Eltern eine längere Elternzeit. Damit folgen sie den psychologischen Erkenntnissen, dass vor allem Kleinkinder Zeit brauchen, um sich an ihre Eltern binden zu können. Innerhalb dieses Rahmens entscheiden Eltern selbst, wann sie wieder beide arbeiten wollen. Denken Sie bei allem Abwägen daran, dass die Zeit mit dem Kleinkind gemessen an einem ganzen Leben unerhört kurz und kostbar ist. Sie gehört zu den Dingen, die man nie mehr nachholen kann. Viele Eltern machen gute Erfahrungen, wenn sie die Kleinkinder nicht oder nicht vollumfänglich fremdbetreuen lassen, sondern den beruflichen Wiedereinstieg zeitlich staffeln.

An wen gebe ich mein Kind ab? Wählen Sie den Betreuungsort sorgfältig aus. Kleine Gruppen, engagierte Mitarbeitende, eine warme Atmosphäre, wenig Wechsel bei den Betreuungspersonen gehören zu den Pluspunkten.

Familienergänzende Betreuung kann für das Kind eine große Bereicherung bedeuten. Gerade in den heute üblichen Kleinstfamilien bietet sie dem Kind anregende Begegnungen mit Gleichaltrigen; es lernt zu teilen, zu streiten, sich einzufügen und sich abzugrenzen. Studien belegen, dass der schulische Erfolg wegen berufstätiger Eltern nicht gefährdet ist.

In manchen Familien übernehmen auch Großeltern Betreuungsaufgaben. Ich habe meine beiden ersten Enkelkinder bis zu deren Kindergarteneintritt einmal wöchentlich gehütet. So lernte ich die Kinder von all ihren Seiten kennen, beim Kuscheln und Geschichtenerzählen, beim stressigen Ankleiden vor dem Mutter-Kind-Turnen oder beim gemeinsamen Kochen. Diese alltäglichen Begegnungen möchte ich nicht missen.

Bei der generationenübergreifenden Kinderbetreuung braucht es jedoch von allen Seiten Toleranz, denn die Ansichten hinsichtlich der Kindererziehung können sehr unterschiedlich sein. Heutzutage wird manches anders geregelt, als dies noch vor einer Generation der Fall war, denn Ihre Kinder müssen sich schließlich in einer ganz anderen Welt bewähren. Die Rollen haben gewechselt und die junge Generation gibt die Regeln vor. Dies gilt es vonseiten der Großeltern auf jeden Fall zu respektieren. Es ist aber auch das Vorrecht der Großeltern, dass sie nicht mehr mit voller Konsequenz erziehen müssen.

Wie teilen wir die Aufgaben auf? Dies ist wohl die schwierigste Frage. Das Zusammenspiel von Teilzeit arbeitenden Eltern läuft nicht immer reibungslos. Die Rollen sind nicht mehr klar verteilt, und über die Art, wie man eine Aufgabe erfüllt, können unterschiedliche Vorstellungen herrschen. Heute spricht man in diesem Zusammenhang von der *Aushandlungsfamilie.* Dazu kommt noch, dass Mann und Frau die Aufgabenverteilung oftmals unterschiedlich wahrnehmen. So haben 63 Prozent der Väter den Eindruck, dass zu Hause beide Elternteile gleichermaßen für die Kinder verantwortlich sind, aber nur 36 Prozent der Mütter sehen das genauso.[42] Und dadurch sind Diskussionen unweigerlich vorprogrammiert.

Es ist wichtig, dass der Einsatz im Beruf und im Haushalt sorgfältig ausgehandelt wird. Dabei ist es hilfreich, wenn die Ehepartner sich klar umrissene Aufgaben zuweisen. Listen Sie also möglichst vollständig alle Aufgaben, die daheim anfallen, in einer Tabelle auf. Am besten fügen Sie gleich auch den benötigten zeitlichen Rahmen dazu. Wer übernimmt nun was? Wer kann was am besten? Nicht immer ist es der Mann, der die Finanzen verwalten muss, und

---

42 Eltern setzen sich selbst am stärksten unter Druck: http://www.derwesten. de/politik/eltern-setzen-sich-selbst-am-staerksten-unter-druck-id10228698. html#plx1780882452, aufgerufen am 05.04.2016.

manchmal kann die Frau kleine Reparaturarbeiten besser ausführen als er. Immer mehr Männer entdecken Freude am Kochen, andere empfinden das Putzen als befriedigend, denn da sieht man wenigstens, was man gemacht hat.

Die heute vermehrt partnerschaftliche Aufteilung der familiären und beruflichen Aufgaben erinnert an das Leben zur Zeit der Bibel. Auch damals wurden Kinder nicht ausschließlich von den Müttern betreut: Mann und Frau teilten sich die Erziehungs- und Erwerbsarbeit mit der Großfamilie. So wird im Buch der Sprüche ein Lobgesang auf die tüchtige Frau als krönender Abschluss überliefert. Neben der Betreuung der Kinder sorgt sie für ihren Unterhalt, „sie gürtet ihre Lenden mit Kraft …, sie merkt, wie ihr Fleiß Gewinn bringt …, sie tut ihr den Mund auf mit Weisheit … Ihre Söhne stehen auf und preisen sie, ihr Mann lobt sie: Es sind wohl viele tüchtige Frauen, du aber übertriffst sie alle."[43]

Wie viel Arbeit können wir schaffen? Junge Familien, die Kinder großziehen und berufliche Aufgaben bewältigen, leisten Enormes, denn Eltern arbeiten deutlich mehr als kinderlose Paare und Singles. Eine Mutter von einem Kind unter 6 Monaten ist im Durchschnitt mehr als 55 Stunden pro Woche mit Kind und Haushalt beschäftigt, bei Müttern von schulpflichtigen Kindern sind es noch 44 Stunden, während eine Frau ohne Kinder nur 22 Stunden für den Haushalt opfert.[44]

Frühmorgens schon nimmt man die Kinder aus dem Bettchen, es folgen die Morgenrituale und dann die Abgabe in der Kita oder Schule. Abends gibt es keinen frühen Feierabend, sondern man will die kostbare Zeit mit den Kindern verbringen. Kein Wunder, wenn Mütter vermehrt über Symptome von Burn-out klagen. Es braucht

43 Sprüche 31,10–31 (LÜ 1984).
44 http://www.bfs.admin.ch/bfs/portal/de/index/themen/03/06/blank/key/haus-und-familienarbeit/Zeitaufwand.htmlS, aufgerufen am 13.07.2016.

dann Mut, um sich einzugestehen, dass weniger mehr sein kann. Aus diesem Grund bemühen sich Paare zunehmend um Teilzeitarbeit und nehmen den verringerten Verdienst gerne in Kauf. Sie schenken sich damit mehr Lebensqualität und eine bessere Gesundheit.

Nehme ich mir Zeit für das einzelne Kind und für gemeinsame Familienzeiten? Jedes Kind braucht die Gewissheit, dass es für seine Eltern etwas ganz Besonderes ist, dabei ist der Beweis für die elterliche Liebe nicht das Überhäufen mit materiellen Gütern. Vielmehr ist das kostbarste Geschenk Zeit, die man mit dem Kind ganz allein verbringt. Ein Vater erzählt: *„Ich bringe meine Tochter einmal wöchentlich zu ihrer Tanzstunde. Meine zweite Tochter bestürmt mich dann immer wieder, ob sie mitfahren könne. Aber ich lehne dies jedes Mal ab, denn diese Fahrt und die Möglichkeit zu Gesprächen gehört nun einmal diesem Kind. Ich versuche, jede Woche mindestens eine volle Stunde mit jedem Kind allein zu verbringen. Dadurch soll es merken, dass es für mich ganz besonders wichtig ist.“* Gerade die Kinder von berufstätigen Eltern brauchen diese Zeiten ganz allein mit einem Elternteil.

Eine Mutter berichtet: *„Wir planen mindestens fünf gemeinsame Mahlzeiten pro Woche. Das erscheint wenig, aber bei größeren Kindern ist das gar nicht so einfach durchzuziehen. Bei diesen Mahlzeiten tauschen wir uns über positive Erlebnisse aus, aber auch schmerzliche Erfahrungen haben ihren Platz. Die Kinder sollen erfahren, dass sie in guten und schlechten Stunden von der Familie getragen werden.“*

Jede Familie braucht eine Identität, ein Wir-Gefühl, und dies kann nur mit gemeinsam verbrachter Zeit erreicht werden. Es ist deshalb sinnvoll, dass berufstätige Eltern ihre freie Zeit mit ihren Kindern verbringen. Um diese Freizeit zu maximieren, können sie sich Hilfen für die Hausarbeit einkaufen, sofern dies finanziell möglich ist.

Gönne ich mir Oasen der Erholung? Die Aufgabe als Mutter bringt viel Freude und Befriedigung, aber sie ist auch anstrengend und manchmal chaotisch. Niemand kann über Jahre nonstop arbeiten und immer nur geben. Deshalb ist es wichtig, dass Sie dabei nicht sich selbst, Ihre Wünsche, Ihre Hoffnungen und Ihre Bedürfnisse vergessen. Zwischendurch brauchen Sie auch hin und wieder eine Auszeit – mit Freundinnen, mit Ihrem Hobby oder ganz einfach nur mit sich selbst. Sobald die Kinder dann den Kindergarten besuchen, entsteht etwas mehr Luft in der Arbeitsplanung. Dann sind wir es oftmals selbst, die sich keine Rast zugestehen. Noch immer fällt es einem Vater leichter, sich eine Auszeit zu gönnen, als einer Mutter. Er vergnügt sich bei einem Fußballspiel und überlässt die Kinder, ohne viel nachzudenken, seiner Frau, während sie sich schuldig fühlt, sobald sie sich einen Stadtbummel gönnt und ihn die Kinder hüten lässt.

Eine Möglichkeit für Mütter, sich eine längere Auszeit zu gönnen, ist ein hin und wieder allein verbrachtes Wochenende. Denn schließlich müssen nicht sämtliche Ferientage und Wochenenden gemeinsam verbracht werden. Es ist äußerst heilsam, wenn sich ein Vater einmal ein Wochenende allein um die Kinder kümmert. Danach wird er nie mehr die gedankenlose Frage stellen, was seine Frau denn wohl den ganzen Tag treibt.

Und nicht zuletzt können Mütter sich auch von Zeit zu Zeit gegenseitig entlasten, indem sie die Kinder der Freundin einen Nachmittag hüten. Sie sehen, in den allermeisten Situationen findet man einen Weg, um etwas Atem zu holen. Zuerst aber braucht es den inneren Willen, sich eine Auszeit zu gönnen.

Die Anforderungen an Eltern sind hoch und es sind viele Spannungsfelder zu bewältigen. Deshalb ein ermutigendes Studienergebnis zum Schluss. Trotz der neuen Rollenverteilung fühlen sich Kinder bei ihren Eltern gut aufgehoben: Die deutsche Shell-Studie von

2010 zeigt, dass die Bedeutung der Familie bei Jugendlichen immer noch groß ist. 76 Prozent der Befragten fanden, es brauche eine Familie, um wirklich glücklich zu sein. Über die Hälfte der 12- bis 25-Jährigen gab an, sie kämen mit den Eltern klar und hätten nur gelegentlich Meinungsverschiedenheiten. Weitere 35 Prozent bezeichneten die Beziehung zu den Eltern schlicht als *bestens*. [45]

Die neue Verteilung der Elternarbeit kann also gar nicht so schlecht sein. Jedenfalls scheint die Jugend gut damit klarzukommen.

---

45 http://jugend.ekir.de/Bilderintern/20100922_zusammenfassung_shellstudie2010, aufgerufen am 13. Juli 2016.

11.

Verzeihen –
die doppelte Wohltat

Wie soll ich jemandem vergeben, der mir ein Messer ins Herz gerammt hat? Wie soll ich verzeihen, wenn der erlebte Verrat noch immer mein Leben zerstört oder wenn mich die seelischen Misshandlungen noch quälen? Wie gehe ich mit den kleinen Nadelstichen des Familienlebens um, wie dauernder Kritik, ungerechtfertigten Vorwürfen oder abwertenden Bemerkungen? Soll ich einfach klein beigeben und mich womöglich noch mehr verletzen lassen? Nein danke, sagen sich da viele und haben recht damit!

Wir haben jetzt viel über die verschiedenen Aspekte nachgedacht, die es einer Mutter schwer machen, ihre Erziehungsarbeit entspannt zu leisten. Wir haben gesehen, wo Mütter sich selbst anklagen, und Hilfen entdeckt, wie wir unser Verhalten und unsere Einstellung zum Leben als Mutter ändern können. Und dennoch empfinden Mütter oft die Last, dass sie sich selbst und auch anderen Mitgliedern ihrer Familie nicht vergeben können. Deshalb ist es so wichtig, dass wir noch gemeinsam über den Aspekt der Vergebung nachdenken. Denn nicht selten stellen wir uns Fragen wie die oben genannten.

Die grundlegenden Fragen zum Umgang mit erlittenem Unrecht werden in der Psychologie seit Jahrzehnten erforscht – mit erstaunlichen Resultaten. Pionierhaft hat der Hamburger Psychologieprofessor Reinhard Tausch mit seinen Forschungsarbeiten belegt, dass eine vergebende Haltung die beste Medizin für unser seelisches Wohlbefinden ist. In einem Leitartikel der renommierten Fachzeitschrift *Psychologie heute*[46] präsentierte er die unerwarteten Ergebnisse einer breit angelegten Befragung von *Opfern* und *Tätern*. Ihm zufolge verändert Verzeihen das Denken, Fühlen und Handeln positiv – erstaunlicherweise bei Opfern *und* Tätern.

So erzählten die befragten *Opfer* von den folgenden Veränderungen:

- *Positiveres Gefühlsleben:* Verletzungen lösen viele negativen Gefühle aus. Durch eine vergebende Haltung werden Hass, Wut, Feindseligkeit und seelische Schmerzen wesentlich geringer oder fallen weg.

- *Realistischere Einschätzung der Situation:* Das Anklagen und Selbstanklagen, das Verurteilen und Richten der schuldigen Person treten in den Hintergrund. Die Realität wird wieder besser wahrgenommen. *„Ich sehe jetzt mehr die Wirklichkeit, die ich früher nicht sehen konnte oder wollte. Ich sehe jetzt, dass wir beide nicht anders handeln konnten"*, schrieb eine der Befragten.

- *Bessere Beziehungen:* Menschen, die vergeben haben, können unbelastet und offener mit dem anderen Kontakt aufnehmen. Jemand formulierte das so: *„Ich habe jetzt zu meinem Vater ein besseres Verhältnis, kann mich besser abgrenzen, aber auch freundlicher zu ihm sein."*

---

46 Tausch, Reinhard, Verzeihen, die doppelte Wohltat, Psychologie heute, April 1993, 20–27.

Und wie erging es den *Tätern*? Auch diese berichteten, dass es ihnen durch die erfahrene Vergebung deutlich besser ging:

- 83 Prozent erlebten positive Gefühle.
- 85 Prozent freuten sich über die Wiederherstellung der Beziehung.
- 21 Prozent waren motiviert, in Zukunft das verletzende Verhalten zu vermeiden.
- 20 Prozent lernten dadurch, anderen leichter und schneller zu vergeben.
- 80 Prozent hatten weniger psychosomatische Beschwerden.

Verzeihen tut gut! Der Psychologe und Buchautor Dr. Wolfgang Krüger aus Berlin fasst dies in drastische Worte: „Es gibt nur eine einzige Möglichkeit, diese Schmerzen loszuwerden: indem man verzeiht. Denn nur, wenn vergeben wurde, ist nichts mehr da, was einen verletzen kann. Verzeihen tut man nämlich nicht allein um des Gegenübers willen, sondern vor allem auch für das eigene Seelenheil. Verzeihen befreit – von Schmerzen, endlosen Denkschleifen, Rachegelüsten und Trauer."[47] Wir müssen nicht in einem Gefängnis von erlittenem Unrecht und Verletzungen ausharren. Wir tragen vielmehr den Schlüssel für einen Neuanfang in uns selbst.

In diesem Zusammenhang sind Kinder ein gutes Vorbild. Sie zeigen uns, wie man vergibt. Einer unserer Söhne war ein Spezialist im Aushecken von Streichen und Austesten der gesetzten Grenzen. Wenn er dann auf frischer Tat erwischt wurde und mich so richtig auf die Palme getrieben hatte, konnte er diese Spannung kaum ertragen. Mit tränenverschleierten Augen blickte er mich dann an und sagte: „Mama, Frieden machen." Wie konnte ich da widerstehen?

---

47 Krüger, W., Freiraum für Liebe, Herder-Verlag, Freiburg im Breisgau 2014.

Wie kein anderes Kind lehrte er mich, Konflikte umgehend zu schlichten, zu verzeihen und Vergangenes nicht mehr aufzuwärmen. Vergebung ist eine Wohltat für alle.

Die unterschätzte Kraft des Verzeihens

Vergebung und wie sie eingesetzt werden kann, wird oft missverstanden. Eine Mutter erzählte mir von ihrem 18-jährigen Sohn: *„Seit einigen Jahren macht er Schwierigkeiten und einmal hat er mich sogar mit dem Messer bedroht. Mit seinen Wutausbrüchen schüchtert er seine jüngeren Geschwister ein. Er hält sich kaum an Verabredungen und verleumdet mich im ganzen Dorf, indem er überall erzählt, wie schlecht ich ihn behandeln würde."*

Muss sie einfach alles vergeben und ihn weiter gewähren lassen?

In einer anderen Familie geht es um eine große Erbschaft. Ein Bruder hat sich einen Großteil des Vermögens erschlichen und lebt nun in Saus und Braus. Müssen die Geschwister alles verzeihen und dieser Ungerechtigkeit tatenlos zusehen?

Leider wird Verzeihen häufig mit Nachgeben oder Schwäche verwechselt, und man befürchtet, dass man sich alles gefallen lassen muss. Da schwindet dann die Lust zum Vergeben! Dabei bedeutet Verzeihen das Gegenteil, nämlich ein kraftvolles und selbstbewusstes Handeln. Man lässt alte Konflikte und Wunden nicht weiterschwelen, man zieht einen Strich unter die Vergangenheit und übernimmt dadurch die Kontrolle über sein aktuelles Leben. Dies stärkt das Selbstbewusstsein, denn man lässt sich nicht mehr durch die Taten anderer dominieren und steht für seine Rechte ein. Vergeben beziehungsweise Verzeihen ist ein aktiver und zukunftsgerichteter Lebensstil.

Verzeihen bedeutet das Ent-Schulden einer Person. Das gilt auch gegenüber einem selbst. Eine erlittene Verletzung oder Beeinträchtigung wird dem anderen (oder sich selbst) nicht mehr angerechnet, sondern sie wird als abgeschlossen und vergangen verbucht.

Das Geschehene wird nicht ignoriert, verdrängt oder vergessen, sondern durchaus genau wahrgenommen und im Gedächtnis gespeichert. Was geschehen ist, bleibt Teil meines Lebens. Doch die verletzenden Erinnerungen werden wie in einem Tresor verschlossen und der Schlüssel wird symbolisch weggeworfen.

Verzeihen heißt nicht vergessen.

Natürlich zerplatzen durch den einen Akt der Vergebung nicht alle negativen Gefühle wie Seifenblasen. Aber wenn man vergibt, wird der bohrende Stachel des Hasses und der Bitterkeit gezogen. Die Tatsachen jedoch, die durch ein bestimmtes Fehlverhalten geschaffen wurden, wie etwa eine distanzierte Beziehung, bleiben bestehen. Die Entrüstung über das schmerzliche Geschehen, die Trauer über die Folgen, der Ärger über das Schicksal klingen oft lange nach. Und es kann passieren, dass man sich immer wieder im Sog von Gedanken der Wut, der Anklage und des Hasses finden wird und neu entscheiden muss, ob man daraus aussteigen möchte. Deshalb gilt es, täglich eine Art Seelenhygiene durchzuführen, die nicht zulässt, dass sich Böses aus der Vergangenheit einnisten kann.

Machen Sie sich bewusst, dass Sie in diesem Moment frei sind und Ihr Leben selbst bestimmen. Sie müssen keinen Rucksack mit Altlasten durchs Leben schleppen, sondern Sie können frei werden für Neues und Schönes. Lassen Sie Ihre Gedanken um Menschen kreisen, die Sie lieben und die Ihnen guttun. Denken Sie darüber nach, wie Sie sich innerlich stärken können. Die gedanklichen Endlosschleifen über das vergangene Unrecht sind schädlich und geben den verletzenden Personen viel zu viel Macht. Bestimmen Sie selbst, was ihre Seele füllen soll.

Verzeihen heißt nicht, einen Konflikt schwelen zu lassen.
Das Motto „Schwamm drüber" ist nicht mit Vergeben gleichzusetzen. Manche Mütter beschwichtigen sofort jeden Ausbruch von Ärger und Wut und glätten jeden Streit, indem sie ihr Kind zum Nachgeben auffordern oder selbst aufgeben. Doch wer würde einfach ein Pflaster über eine blutende Wunde kleben, ohne sie zu säubern? Das Umgehen von Konflikten kommt besonders oft in abhängigen Beziehungsmustern vor, wo das Opfer aus Angst vor Tätlichkeiten, Erniedrigungen oder Beziehungsabbruch keine eigene Meinung zu äußern wagt. Dieses beständige Nachgeben führt letztlich zur Zerrüttung des eigenen Selbstwerts und hat nichts mit Vergebung zu tun. Vergebung bedeutet vielmehr, die seelische Wunde genau zu untersuchen, zu säubern und erst dann zu verbinden. Nur so tritt Heilung ein.

Verzeihen bedeutet nicht grenzenlose Toleranz.
Man kann einem Menschen beinahe alles vergeben, aber man kann nicht alles tolerieren. Jene Mutter im oben erwähnten Beispiel kann ihrem Sohn vergeben, dass er sie bedrohte und hinter ihrem Rücken über sie herzog. Aber sie muss und darf dieses Verhalten nicht tolerieren. Sie kann entscheiden, welche Maßnahmen sie ergreifen möchte, wenn er die Familienregeln übertritt. Auch in der oben erwähnten Erbstreitigkeit wäre es richtig, sich von einem Anwalt beraten zu lassen und eine gerechte Lösung zu erkämpfen. Wir müssen nicht untertänig alles akzeptieren, was Menschen uns antun. Denn wenn wir passiv alles erdulden, wird das letztlich alle verletzen.

Verzeihen bedeutet nicht immer Versöhnung.

Vergebung geschieht nicht immer gegenseitig. Auch wenn Sie sich durchringen, jemanden um Verzeihung zu bitten, wird Ihr Gegenüber Sie nicht automatisch freisprechen. Damit müssen Sie rechnen. Lassen Sie sich dadurch aber nicht Ihre innere Freiheit rauben. Sie können nur an sich selbst arbeiten – Ihr Gegenüber trägt die Verantwortung für seine eigene Reaktion. Doch das Gute ist, dass sich eine Beziehung auch dann verändert, wenn nur von einer Seite an ihrer Verbesserung gearbeitet wird. Damit wird wenigstens auf einer Seite der Stachel der Bitterkeit entfernt und zumindest von einer Richtung ist die Beziehung gereinigt.

Was hindert uns am Verzeihen?

Verzeihen befreit – das wissen wir jetzt. Aber warum tun wir uns entgegen aller Logik so schwer damit? Wir alle tragen unsere persönliche Last mit uns: Verletzungen durch die Eltern, durch die Geschwister, Lehrerinnen und Kameraden, die uns noch immer schmerzen. Vielleicht ist Ihr Bruder immer vorgezogen worden oder Ihr jähzorniger Vater hat Sie verbal zur Schnecke gemacht, Ihre Mutter hat Sie durch Stimmungsschwankungen dominiert oder Sie sind in der Schule gemobbt worden. Kaum jemand ist ohne Wunden erwachsen geworden. Dazu kommen die eigenen Kinder, die gerade im Teenageralter ihre Eltern mit abwertenden Bemerkungen tief verletzen können. Warum können Sie all das Schwere nicht einfach vergeben und vergessen?

Die Schwere der Verletzung spielt im Zusammenhang mit der Vergebung eine große Rolle. Es ist leichter, seinen Eltern kleine Unterlassungen oder Ungerechtigkeiten zu vergeben, als absichtliche körperliche Misshandlungen oder Übergriffe in die Intimsphäre zu verzeihen. „Mein Vater hat mein Leben ruiniert, das kann ich ihm nie vergessen." Diese Aussage ist mehr als verständlich, wenn sie von einer Frau stammt, die von ihrem Vater sexuell missbraucht wurde. In einem solchen Fall braucht es eine längere Therapie, um innerlich heil zu werden.

Die Angst vor erneuten Verletzungen hindert am Verzeihen. Menschen verändern ihren Charakter selten grundsätzlich, und so ist die Wahrscheinlichkeit groß, dass die verletzende Person einem weiter Wunden zufügen wird. Wenn man Vergebung als Nachgeben versteht, wird man sich davor hüten. Groll und Wut werden als eine Art Schutzschild gegen weitere Verletzungen gesehen. Das Erlernen von Methoden zur Abgrenzung gehört deshalb zum Prozess des Vergebens und soll im nächsten Kapitel noch vertieft werden.

Auch ein dominanter Charakter oder Stolz stellen sich der Vergebung in den Weg. „Ich gebe nicht klein bei. Diesmal will ich nicht erniedrigt werden", schwört man sich grimmig. Vergebung wird hier als Schwäche gesehen. In Wirklichkeit erfordert das Vergeben – das Ablegen von Groll oder gar Hass – jedoch eine große seelische Stärke. In diesem Zusammenhang ist es also wichtig zu verstehen, dass innere Kraft bedeutet, dass man den anderen Menschen loslässt und sein eigenes Leben aufbaut.

Doch manchmal will man nur eines: Rache. „Ich will diesem Menschen wehtun für all das, was er mir angetan hat", geht einem dann durch den Kopf. Leider können sowohl Eltern als auch Kinder in dieses Muster fallen. Man bemerkt dabei nicht, dass man sich selbst in einen Käfig einsperrt, indem man das schmerzhafte Geschehen nicht hinter sich lässt. Man füllt dabei sein Leben mit negativer Energie, denn letztlich kann man erlittene Verletzungen nie heimzahlen. Ein kleiner Trost mag ein Ratschlag aus der Bibel sein: Überlassen Sie die Rache Gott.

Welcher dieser Punkte hindert Sie am Verzeihen?

Sich selbst verzeihen lernen

Anderen zu verzeihen, ist schwer. Sich selbst zu vergeben, ist für Mütter manchmal fast unmöglich. Wie kann man sich vergeben, wenn man sieht, dass die Kinder unter den Folgen der eigenen Fehler zu leiden haben? Nach einem Referat während eines Frauenfrühstücks sprach mich eine Frau mit Tränen in den Augen an. *„Ich habe bei meiner Tochter so viel kaputt gemacht. Mit 16 wurde sie schwanger, und ich bin mitschuldig daran, denn ich habe so vieles falsch gemacht. Ich habe mich damals dem Glauben zugewendet und ich kannte nur schwarz oder weiß. Alle weltlichen Zeitschriften oder schlechten Bücher zerriss ich vor ihren Augen. Ihre CDs mit moderner Musik zerbrach ich unbarmherzig. Ich verbot ihr den Besuch in der Disco und untersagte ihr jeden Kontakt mit Jungs. Erst jetzt sehe ich, dass ich sie mit meinen harten Verboten in die Rebellion und auch in die Arme eines jungen Mannes getrieben habe. Mit 18 zog sie zu einem Mann und überließ die uneheliche kleine Tochter uns Eltern. Nun ist sie 22 Jahre alt, ist Mutter eines zweiten Kindes und steht vor der Scheidung. Ich fühle mich schuldig an ihrem Unglück.“*

Leider sehen wir oft erst rückblickend, wie falsch wir an unseren Kindern gehandelt haben. So vieles kann nicht mehr gutgemacht werden: die brüske Zurückweisung eines Kindes, die Bevorzugung des Nachzüglers, die Verweigerung von Hilfe, ungerechte Strafen …

Je feinfühliger man ist, umso stärker fühlt man den Schmerz über die ungewollten Verletzungen, die man verursacht hat. Unmerklich kann sich dieser Schmerz in Ablehnung oder Hass verwandeln. Hass gegen uns selbst. Wir richten, wir verurteilen – uns selbst.

Als Jesus Christus an jenem bedeutendsten Tag der Weltgeschichte am Kreuz hing, stand seine Mutter Maria weinend in seiner Nähe. Die Bibel beschreibt, dass der Schmerz über den Verlust ihres besonderen Sohnes wie ein Schwert durch ihr Herz stach. Ihr Sohn

Jesus hatte immer allen geholfen, aber er hatte auch schonungslos die Herrschenden kritisiert. Hätte sie ihn zu mehr Diplomatie erziehen sollen? Bevor er nach den unmenschlichen Qualen der Folterung seine Augen schloss, blickte er über die tobende Menge und rief mit all seiner verbleibenden Kraft: „Vater, vergib ihnen; denn sie wissen nicht, was sie tun!"[48]

Jesus hätte allen Grund zum Hadern gehabt. Sein ganzes Leben lang hatte er nur Gutes getan, Menschen getröstet und geheilt. Nun hing er am Kreuz. Allein. Auch seine besten Freunde hatten ihn schmählich verlassen. Welche Kraft muss es ihn gekostet haben, seinen Feinden zu vergeben und in Frieden aus dem irdischen Leben zu scheiden.

Wie Maria wissen auch wir *normalen* Mütter oft nicht, was wir tun. Wir handeln im Affekt und können die Folgen unseres Tuns nicht immer abschätzen. Manchmal machen wir genau das Richtige – manchmal leider auch nicht. Oft ist die Vergebung der einzige Weg zurück zu einer gesunden Beziehung. Dabei darf unser Fehlverhalten nicht einfach weggewischt werden. Es ist vielmehr wichtig, dass wir ohne Wenn und Aber dazu stehen und den von uns verursachten Schmerz nachempfinden. Kommentare wie: „Das ist aber übertrieben" oder „Das bildest du dir nur ein" sind fehl am Platz. Leider kann man das Rad der Zeit nicht zurückdrehen, aber irgendwann darf man auch wieder nach vorne blicken. Es gilt jetzt, in der Gegenwart dem Kind neu zu begegnen und ihm Liebe zu erweisen.

Schritte zur Vergebung

Normalerweise bemühen wir uns, unsere Wohnung wohnlich und sauber zu halten. Regelmäßig sausen wir während des Putzmarathons durch alle Zimmer, wischen und waschen, werfen altes

---

48 Lukas 23,34 (LÜ 1984).

Gerümpel weg und schaffen Platz für Neues. Genauso wichtig ist die Hygiene unserer Seele. Auch hier führt ein regelmäßiger Seelenputz zu besserer Lebensqualität. Der Weg zur Vergebung ist nicht bequem und er fällt uns nicht leicht. Aber er lohnt sich! Die Klärung der folgenden Fragen kann uns dabei eine Hilfe sein:

Was gibt es zu verzeihen?
Immer wieder sammeln sich Begebenheiten an, bei denen andere uns unrecht tun. Machen Sie eine Art Inventur von all den schmerzlichen und ungerechten Ereignissen, die Sie noch beschäftigen. Was ist genau passiert, was wurde Ihnen angetan? Möglicherweise gibt es einige Dinge, die Ihnen heute gar nicht mehr so schwerwiegend erscheinen wie damals, als sie aktuell waren. Am besten legt man diese beiseite, denn es lohnt sich nicht, noch mehr Energie in sie zu investieren. Man kann diese Verletzungen aber auch auf ein Papier schreiben und symbolisch verbrennen. Darüber hinaus gibt es jedoch noch die schwerwiegenden Sachen, die man endlich einmal bewältigen möchte. Hier helfen die nächsten Schritte.

Was könnte der andere empfunden haben?
Die wenigsten Menschen sind Monster. Viele bemerken es nicht einmal, dass sie Sie verletzt haben, sondern sie haben womöglich versucht, sich selbst zu schützen. Manche Opfer empfinden den Täter/die Täterin als unüberwindbar stark. Es kann dann hilfreich sein, eine bestimmte Situation mit den Augen des Täters anzuschauen. Plötzlich dämmert es einem, dass die andere Person genauso unsicher ist wie man selbst und dass hinter der forschen Kulisse ebenfalls Verletzungen verborgen sind. Übergriffige Menschen sind oft auch Opfer von Übergriffen, oder stachlige Teenager sind von all den Anforderungen, denen sie genügen müssen, verunsichert und reagieren unverhältnismäßig heftig auf die Eltern. Wenn Sie versuchen,

sich in die andere Person einzufühlen, schrumpft diese zusammen zu einem ganz gewöhnlichen Menschen. Es ist bedeutend einfacher, einem Zwerg zu verzeihen als einem Riesen.

Was hilft mir, den Groll loszulassen?

Den anderen konfrontieren: Es ist befreiend, wenn man im täglichen Leben keinen Ballast ansammelt. Sagen Sie Ihrem Gegenüber möglichst umgehend, was Sie stört, und suchen Sie eine Lösung für die Unstimmigkeit.

Eine Mutter von 4 Kindern erzählte mir: *„Letztens hatte ich morgens einen lautstarken Zusammenstoß mit meiner 16-jährigen Tochter. Den ganzen Tag hatten wir dicke Luft zwischen uns und wir reagierten gereizt. Schließlich machte ich den ersten Schritt und fragte sie, ob wir darüber reden können. ,Gut', meinte sie, ,wer beginnt?' Und so machte ich den Anfang. Ich entschuldigte mich dafür, dass ich sie am Morgen barsch angefahren hatte, und bat sie um Vergebung. Auch sie gab zu, dass sie unbeherrscht reagiert hatte. Zuletzt lagen wir uns in den Armen und der Tag kam zu einem guten Ende."*

Eine solche Lösung ist vor allem dann möglich, wenn die Beziehung noch intakt ist. In einer übergriffigen Beziehung jedoch braucht man dazu oftmals die Unterstützung von Freunden, denn Sie müssen sich auch darauf gefasst machen, dass der Täter überhaupt nicht Ihrer Meinung ist und die Schuld auf Sie zurückschieben wird. Da braucht es eine gute Portion Ermutigung, um die eigene Meinung einzubringen.

Den Frust von der Seele schreiben: Manches muss man mit sich selbst ausmachen. Schreiben Sie in solchen Fällen Ihren ganzen Frust über eine Person auf. Dann können Sie entscheiden, was Sie damit machen möchten. Wollen Sie sich durch vergangenes Unrecht das Leben vermiesen lassen? Am besten zerreißen Sie den Zettel und werfen den ganzen *Mist* weg.

Mit jemandem darüber reden: Oft hilft es, wenn man sich bei einer neutralen und verständnisvollen Person aussprechen kann. Es tut schon gut, wenn jemand versteht, was vorgefallen ist. So gewinnt man Abstand und kann das Ganze objektiver beurteilen. Gemeinsam mit einem unabhängigen Zeugen fällt es leichter, einen Schlussstrich zu ziehen. Anschließend ist es dann wichtig, dass Strategien zum Selbstschutz gefunden und aufgebaut werden.

Vielen hilft es auch, wenn sie Gott erlittenes Unrecht im Gebet klagen. In der Bibel finden wir im Buch der Psalmen viele ehrliche Gebete, in denen positive und negative Gefühle überraschend ehrlich ausgesprochen werden. Durch das Nachbeten dieser Gebete wächst eine innere Distanz zum Geschehenen und man gewinnt neue Kraft aus dieser Nähe zu Gott.

Wie gestalte ich in Zukunft diese schwierige Beziehung?

Oft findet man trotz einer verzeihenden Haltung nicht mehr zu einer vertrauten Beziehung zurück, denn Vergebung bedeutet längst nicht immer auch Versöhnung. Manchmal ist es schon ein großer Sieg, wenn man zumindest an einem Familientreffen teilnimmt und sich dabei zugesteht, dass man sich von der schwierigen Person fernhält. Die Verwandten kann man sich nicht aussuchen, aber man kann bestimmen, wie eng man mit ihnen in Beziehung leben möchte. Bei übergriffigen Beziehungen muss man sich möglicherweise ein Time-out gönnen und Abstand halten.

Im Rückblick erkennt man manches, was in der Beziehung mit den Kindern nicht gut gelaufen ist. Dann ist es gerade für uns Mütter wichtig, nicht ewig daran herumzunagen, sondern sich, wo möglich, auszusöhnen und zu einem neuen Miteinander zu finden.

Mitten in diesem Buchprojekt erreichte mich ein Brief meiner damals fast 90-jährigen Großtante. In ihrer schönen, durch das Alter etwas zittrigen Schrift stand da gleichsam als Vermächtnis:

„*Liebe Annemarie, Du schreibst ein Buch: Schuldgefühle der Mütter. Das plagt mich auch. Nichts ist gut zu machen als die tägliche Bitte: Heiland, mach du z'recht, was ich an meinen Kindern gefehlt habe.*"

Diese Worte begleiteten mich durch so manchen Sturm in meiner Familie.

12.

Schritte zur Gelassenheit

Wenn du vernünftig bist, erweise dich als Schale und nicht als Kanal. *Dieser empfängt und gibt fast gleichzeitig weiter, während jene wartet, bis sie gefüllt ist. Auf diese Weise gibt sie das, was bei ihr überfließt, ohne eigenen Schaden weiter. Lerne auch du, nur aus der Fülle auszugießen, und habe nicht den Wunsch, freigiebiger zu sein als Gott. Und sonst? Die Schale ahmt die Quelle nach. Erst wenn sie mit Wasser gesättigt ist, strömt sie zum Fluss, wird sie zur See. Du tue das Gleiche! Zuerst anfüllen und dann ausgießen. Die gütige und kluge Liebe ist gewohnt überzuströmen, nicht auszuströmen.*"[49]

Als Mutter kommt man sich oft vor wie ein Kanal, der immer nur gibt und gibt und gibt. Grund dafür ist, dass unsere Kinder täglich die Fürsorge ihrer Eltern brauchen. Sie saugen unsere Liebe und Zuwendung auf wie eine Pflanze das erquickende Nass nach einem heißen Tag. So ist es kein Wunder, dass rund ein Fünftel der Mütter laut Umfragen kurz vor einem Burn-out steht.

Die oben zitierte Weisheit zeigt eine Alternative zum Ausbrennen

---

49 Verfasser unbekannt

auf. So, wie eine Schale nur überfließen kann, wenn sie gefüllt wird, so können wir nur lieben, wenn wir uns selbst lieben. Wir können nur fürsorglich sein, wenn wir auch uns selbst gegenüber achtsam sind. Wenn Sie innerlich gefüllt sind, kann Ihre innere Kraft ungehindert an Ihre Kinder weiterfließen.

Überlegen Sie einmal, welche Quellen Ihre Lebensschale mit innerer Stärke, Gelassenheit und Zufriedenheit füllen.

Lebe unperfekt, dann bleibt Zeit für Wichtiges

„Es ist nicht leicht, perfekt zu sein." Mit lustigen Schnörkeln verziert stand dieser Spruch auf einer Geburtstagskarte für unser lebhaftestes Kind. Kein anderer Spruch hätte besser zu ihm und auch zu unserem bunten Familienleben gepasst. Gleichsam als Wegweiser hängte ich die Karte an die Wand. Sie sollte mich täglich daran erinnern, dass niemand in dieser Familie perfekt sein kann oder sein muss. Fehler sind erlaubt, denn daraus können wir lernen.

In der psychologischen Forschung spricht man heute von der *too-good-mother* (*zu gute Mutter*). Auf einer Internetplattform wird dies folgendermaßen erklärt: „Frauen, die ihrem Nachwuchs alles abnehmen möchten und stets auf Harmonie bedacht sind, gefährden die Entwicklung ihrer Kinder. Mütter dürfen nicht nur unperfekt sein, sie sollten es sogar sein."[50]

Eine *Gut-genug-Mutter* hingegen (*good-enough-mother*) gebe dank ihrer Fehler dem Kind die nötigen Lernerfahrungen mit, um Schwierigkeiten überwinden zu können. Also, herzlich willkommen im Land der unperfekten *Gut-genug-Mütter*! Perfektionismus schadet Ihnen und Ihrem Kind. Im Folgenden sind einige der negativen Auswirkungen beschrieben.

---

50 Plagge, S., http://www.liliput-lounge.de/mama-papa/als-mutter-perfekt-sein/, aufgerufen am 16.01.2016.

Perfektionismus kann zur Verwöhnung führen. *Hanna hat sich ein hohes Ziel für ihren Nachwuchs gesetzt: „Meine Kinder sollen nichts entbehren", nimmt sie sich vor. Kaum wagt sie, ihnen einen Wunsch abzuschlagen. Nur mit Mühe und mit schlechtem Gewissen lotst sie die Kinder beim Einkaufen am Eisstand vorbei. Den stürmischen Bitten um modische Markenkleidung und teure Sportausrüstungen kann sie nicht widerstehen. Sie selbst wuchs in ärmlichen Verhältnissen auf und die Erinnerung an all die Entbehrungen schmerzt sie noch heute. Darum sollen ihre Kinder alles bekommen, was das Herz begehrt.* Wie aber sollen diese Kinder lernen, mit unerfüllten Wünschen fertigzuwerden?

Perfektionismus engt ein. *Lara kümmert sich sehr intensiv um ihre Kinder. Nur selten dürfen sie draußen mit anderen Kindern spielen, denn diese könnten einen schlechten Einfluss auf sie haben. Und nur ausnahmsweise dürfen ihre Kinder ihre Freunde mit nach Hause bringen, denn diese könnten ja zu viel Krach machen oder gar Schmutz in die Wohnung tragen.*

Stellen Sie sich einmal vor, wie es wäre, wenn Sie mit einem perfekten Menschen zusammenleben müssten. Sie würden immer den Kürzeren ziehen, da Sie ihm nie das Wasser reichen könnten. Immer wären Sie diejenige, die die falsche Meinung äußert, sich falsch verhält und letztlich die Schuld an allen Pannen trägt. Wie entlastend ist hingegen der Umgang mit einer Person, die Fehler macht und auch zu Ihnen steht. Also ist es höchste Zeit, das Mäntelchen der Perfektion an den Nagel zu hängen – zum Wohle Ihrer Kinder.

Lerne aus deinen Fehlern

Kinder brauchen keine fehlerlose Erziehung. Im Gegenteil: Aus Fehlern wird man klug und ein Kind lernt nur durch eigene Erfahrungen. So kann man beispielsweise ein Kleinkind noch so sehr vor der heißen Herdplatte warnen, erst wenn es aus Erfahrung weiß, was *heiß* bedeutet, wird es diese Gefahrenquelle von selbst meiden. Auf seinem Lebensweg wird es außerdem noch unendlich viele Dinge lernen müssen. Was ist es da für ein Vorrecht, wenn es im geschützten Umfeld der Familie lernen kann, mit Fehlern umzugehen? Und welch ein Geschenk ist es, wenn es daheim spüren darf: Ich bin angenommen, auch wenn ich nicht perfekt bin.

Alfred Adler, ein Pionier auf dem Feld der Psychologie, meinte einmal: „Das Schönste, was eine Fee einem Kind in die Wiege legen kann, sind Schwierigkeiten, die es überwinden muss." Noch schöner ist es, wenn es Eltern hat, die ihm Wege zur Überwindung von Schwierigkeiten zeigen. Letztlich kann man Kindern nicht alle Steine aus dem Weg räumen. Sie werden mit widrigen Umständen rechnen müssen. Parteiische Lehrer, gemeine Schulkameraden, ungenügende Noten oder gar das Auseinanderbrechen der Familie können einem Kind schwer zu schaffen machen.

Das Leben bietet nicht das ausgeglichene Klima eines Treibhauses. Wenn man Pflanzen darin großzieht, gedeihen sie prächtig, solange sie geschützt sind. Aber was geschieht, wenn sie das Treibhaus verlassen müssen?

Leben Sie also eine Fehlerkultur, wo Fehler als normaler Bestandteil des Familienlebens gesehen werden und wo man offen bespricht, wie man diese in Zukunft vermeiden kann.

Ich gestatte mir zu leben

Zugegeben, viele Mütter sind Multitalente, aber die meisten von uns sind nicht mit unerschöpflichen Kräften ausgestattet. Wir haben alle unsere Stärken, aber auch unsere Schwächen. Eine perfekte Kombination von Haushälterin, Pädagogin, Kinderpsychologin, Chefköchin, Krankenschwester und Managerin ist äußerst selten!

Sophie zum Beispiel liebte vor der Geburt ihres ersten Kindes ihren Beruf als Assistentin des Chefs einer großen Firma. Die Arbeit im

Büro war interessant, sauber und gut organisiert. Praktische Arbeiten gingen ihr jedoch nie leicht von der Hand und der Handarbeitsunterricht in der Schule war für sie immer eine Qual gewesen. Auch von ihrer Familie war sie häufig wegen ihrer beiden linken Hände kritisiert worden. Der Übergang zum Leben als Mutter wurde für sie zum Schock. Plötzlich sollte sie all die mühsamen Arbeiten mit Wonne verrichten – aus Liebe zu Mann und Kind. Doch ihr Haus strahlte nie die heitere Gemütlichkeit aus wie dasjenige ihrer Freundin, auch wenn sie sich noch so abmühte. Dafür war sie aber gut organisiert, und es fiel ihr nicht schwer, ihren Kindern bei den Hausaufgaben zu helfen und deren vielfältige Termine einzuhalten.

Leider neigen Mütter dazu, ihre Schwächen zu sehen anstatt ihre Fähigkeiten. Dazu kommt noch, dass unser Umfeld im Allgemeinen mit Komplimenten geizt, dafür aber umso deutlicher auf die Schwächen hinweist. Am besten kümmern Sie sich selbst darum, dass Sie Ihre Stärken nicht vergessen, indem Sie zum Beispiel fünf Ihrer hervorragendsten Stärken auf ein Post-it schreiben und dieses an den Spiegel im Badezimmer heften. So blicken Sie schon morgens früh in Ihren Seelenspiegel und sehen darin Ihre guten Seiten. Gibt es einen besseren Start in den neuen Tag?

Natürlich werden Sie im Laufe des Tages auch Ihrem dunklen Schatten begegnen. Vielleicht kann dann aber Ihr Ehemann einige Ihrer Schwächen ausgleichen. Oder Sie holen sich Hilfe von außen, wenn Sie etwas nicht selbst hinkriegen. Nehmen Sie Ihre eigenen Schwächen mit Humor, denn man darf auch ruhig einmal über die eigenen Macken lachen. Ihre Kinder werden Sie lieben – mit Ihren Stärken und Schwächen.

Weniger ist mehr

Manchmal ist weniger tatsächlich mehr. *Dies erlebte Maria nach einem entspannten Frauenwochenende mit ihrer Kirchgemeinde. Als sie das Haus nach ihrer Rückkehr betrat, saß ihr Mann vor seinem PC, und die Kinder vergnügten sich mit der Playstation. Sofort brach sie wie ein Wirbelwind in das gemächlich dahinplätschernde Familienleben hinein. „Da habe ich das Zepter in die Hand genommen, die ganze Technik abgestellt, die Hausaufgaben kontrolliert, gekocht und aufgeräumt. Plötzlich drehte sich mir alles vor den Augen und ich musste mich hinsetzten. Alles war zu viel für mich. Also übernahm mein Mann wieder das Kommando. Spätabends machte er mir Vorwürfe, weil ich die ganze Familie durcheinandergebracht hätte."* Nach einigem Nachdenken gab sie ihm recht. *In der Tat hätte sie bei ihrer Rückkehr den Dingen einfach ihren Lauf lassen können. Irgendwann hätte auch ihr Mann nach den Aufgaben geschaut und etwas Essbares auf den Tisch gezaubert. Aufräumen hätte man auch später können, denn die Unordnung läuft ja leider nicht davon. „Ich muss Verantwortung abgeben lernen",* nahm sie sich vor.

In einem humorgespickten Artikel zum Thema „Mehr Gelassenheit" spinnt eine Mutter diesen Gedankenfaden weiter. Hier ein paar Beispiele, wie sich das Kürzen ihrer inneren To-do-Liste ausgewirkt hat:

- *Immer ordentlich sein:* Ich merkte, dass immer jemand zu kurz kam. Entweder das Kind, weil Mama erst noch saugen musste, oder ich selbst, weil ich um 22 Uhr noch die Wäsche zusammenlegte, statt mich mal in die Wanne zu legen oder am besten gleich ins Bett. Inzwischen habe ich akzeptiert, dass der Haushalt das ist, was bei uns in der *Work-Life-Balance* immer runterfällt. Und es ist okay! Einmal in der Woche saugen reicht völlig, und Wäscheberge kann man prima hinterm Sofa verstecken, während man gemütlich *Mad Men* guckt.
- *Ständig „Playdates" organisieren:* Es gab eine Zeit, da hatte meine Tochter mehr Termine als die Bundeskanzlerin. Fast

täglich fragte mich eine andere Mutter: „Du, die beiden wollen sich verabreden, können wir einen Termin machen?" Ich wollte nicht die Spaßbremse sein und machte mit. Mit dem Ergebnis, dass wir alle gestresst waren, inklusive der Tochter. Jetzt gibt es *Playdates* in verträglichen Dosen – und wir genießen es, nachmittags mal Zeit für uns zu haben.

* *Spiele spielen, auf die ich keine Lust habe:* Ich liebe es, mit Kindern zu spielen, echt! Aber es gibt ein paar Kinderspiele, die mich furchtbar langweilen. Dazu gehört: der Einkaufsladen („Was darf es denn sein? Fünf Brötchen? Bitte sehr! Noch einen Wunsch? Gähn …") oder der Reiterhof (weil ich immer das Pferd sein muss). Und ich finde: Die Tochter kann die Wünsche der Mutter ruhig akzeptieren. Tut sie übrigens auch.[51]

Überlegen Sie sich, was Sie von Ihrer langen Aufgabenliste streichen wollen. Niemand hält auf die Dauer einen 16-Stunden-Tag durch.

Sich entlasten, bevor Sie ausbrennen

Vor ein paar Jahren galt Burn-out vor allem als Managerkrankheit. Unterdessen zeigt sich vermehrt, dass auch Mütter als Familienmanagerinnen stark davon betroffen sind. Mehrfachbelastungen durch Kindererziehung, Haushalt und Beruf fordern bei immer mehr Frauen ihren Tribut. Meist rutscht man ganz langsam in diesen Zustand und will ihn nicht wahrhaben. Sie können ganz leicht herausfinden, ob auch Sie in der Gefahr stehen, in ein Burn-out zu rutschen, indem Sie überlegen, ob mehrere der folgenden fünf Symptome auf Sie zutreffen:

---

51 Rothenberg, M., http://mom.brigitte.de/mitfuehlen/gute-muetter-1255684/, aufgerufen am 12.11.2015.

- Müdigkeit und Schlaflosigkeit
- Konzentrationsprobleme
- Negative, zynische Einstellung dem Leben gegenüber
- Lustlosigkeit
- Begleitend häufig: Kopfschmerzen, Verspannungen, Herz-Kreislauf-Probleme, Verdauungsprobleme

Die Erkrankung tritt schleichend auf, oft nach jahrelanger beruflicher Frustration und vor allem bei Berufen, die mit Menschen zu tun haben und ein hohes Maß an Selbstständigkeit fordern. Sie zeigt sich vor allem bei Leuten, die anfänglich sehr engagiert waren. All diese Aspekte decken sich mit dem Arbeitsumfeld einer Mutter! Sie steigt mit Begeisterung in die große Aufgabe der Mutterschaft ein, aber mit der Zeit baut sich Frustration auf, weil die Aufgaben einer Mutter zu wenig wertgeschätzt werden und Erfolg kaum sichtbar wird. Zusätzlich gibt es nur wenig Entwicklungsmöglichkeiten und man kann sich leicht im Einerlei der Tage verlieren.

Neben berufstätigen Müttern sind auch Familienfrauen zunehmend vom Burn-out betroffen, denn ihnen fehlt es oft an Wertschätzung und sozialem Austausch. Außerdem wird von ihnen erwartet, dass sie in Schule, Kirche, Vereinen und innerhalb der Familie beständigen Einsatz zeigen. Das kann so weit gehen, wie eine Vollzeitmutter von drei Kindern mir erzählte, dass man sich zu einer Art *Notfallstation* für berufstätige Freundinnen entwickelt, die ihre kranken Kinder von einem hüten lassen, wenn sie sie nicht in die Kita geben können. Mit kleinen Kindern ist man zudem ständig fremdbestimmt, muss immer auf sie aufpassen und wird regelmäßig unterbrochen bei dem, was man tut. Ein großer Stressfaktor.

Falls Sie mehrere Anzeichen eines Burn-outs an sich entdecken, kommen Sie nicht an Änderungen in Ihrem Leben vorbei. Wie eine

Kaffeemaschine, die entkalkt, geputzt und aufgefüllt werden muss, benötigen auch wir Pflege, um längerfristig funktionieren zu können.

Zuerst gilt es herauszufinden, was Sie selbst brauchen, um ein ausgeglichenes Leben zu führen. Was tut Ihnen gut? Wie können Sie sich entspannen und neue Kraft tanken?

Dann gilt es abzuschätzen, wie viel Sie überhaupt leisten können. Über einen kurzen Zeitraum hinweg kann man über seinem Limit laufen, aber auch die stärkste Marathonläuferin muss sich irgendwann einmal ausruhen. Möglicherweise kommen Sie nicht darum herum, Dinge aus Ihrem Leben zu streichen. Dies kann zum Beispiel damit erreicht werden, dass Sie für kürzere oder längere Zeit aus dem Beruf aussteigen. Ich habe schon viele Mütter kennengelernt, die mit dieser Entscheidung sehr glücklich sind, auch weil sie sich in Ruhe um die Kinder kümmern können.

Eine andere Möglichkeit besteht darin, dass man sich Hilfe einkauft. Im richtigen Moment Hilfe zu holen, ist kein Zeichen von Schwäche, sondern es ist im Gegenteil ein Zeichen von gesundem Menschenverstand. Schließlich ist es nicht einzusehen, dass eine Mutter berufstätig ist und gleichzeitig alle Hausarbeiten selbst erledigt. Nur wenige Stunden Unterstützung pro Woche durch eine Haushaltshilfe kann die Kraftreserven entscheidend auffüllen.

Überlegen Sie sich, mit wem Sie Ihre Situation besprechen können, vielleicht mit einer Freundin, einer Seelsorgerin oder auch einer Psychologin. Gemeinsam werden Sie sicher zu einer guten Lösung finden.

Schluss mit dem Vergleichen

Jeder Mensch hat seine eigenen, persönlichen Grenzen, die man nur begrenzt verschieben kann. Und nur allzu leicht ist man versucht, nach den strahlenden Möglichkeiten der anderen zu schielen und sich mit ihnen zu vergleichen. Doch bringt es nicht viel mehr, wenn wir unsere kleine Welt ausschmücken und sie mit Licht und Farbe erfüllen? Viel zu viel Energie geht verloren beim Grämen über alles, was man nicht besitzt. Und bedenken Sie, wir sind Gott eines Tages nicht Rechenschaft schuldig für das, was wir nicht haben, sondern für die Talente, die er uns anvertraut hat.

Jesus malte dies seinen Jüngern eindrücklich vor Augen, indem er ihnen eine Geschichte von einem Geschäftsmann erzählte, der verreisen musste. Vor seiner Abreise übergab er seinen Mitarbeitern Geld, das sie verwalten sollten: dem einen fünf, dem anderen zwei und dem dritten einen Zentner Silbergeld. Die ersten beiden machten sich engagiert an die Arbeit, investierten das Geld in ihr Geschäft und konnten sage und schreibe die doppelte Geldmenge zurückgeben. Ihr Chef war hocherfreut und belohnte sie großzügig. Ganz anders der dritte Mitarbeiter: Zerknirscht gestand er seinem strengen Boss, er habe gar nichts gemacht und sein Darlehen aus Angst vor Verlusten vergraben. Immerhin konnte er den Betrag wieder zurückgeben. Die Geschichte endete leider damit, dass der Chef befahl: „Und diesen Taugenichts werft hinaus in die Dunkelheit, wo es nichts als Jammern und Zähneknirschen gibt."[52]

Dieses Gleichnis wirft etliche Fragen auf: Warum bekommen nicht alle gleich viel? Warum dieses harte Urteil? Und gilt bei Gott also doch das Leistungsprinzip?

Wir lernen hier verschiedene Dinge: Unser Schöpfer hat uns Menschen mit unterschiedlichen Talenten ausgerüstet. Alle erhalten ihr persönliches *Betriebskapital* bei ihrem Start in diese Welt. Wir sind intellektuell oder handwerklich begabt, still oder ausdrucksstark, kräftig oder kränklich. Oberflächlich gesehen ist das sehr ungerecht. Aber stellen Sie sich einmal vor, wie es wäre, wenn alle

---

52 Matthäus 25,14–30 (GN).

Menschen mit genau den gleichen Eigenschaften und Kraftreserven ausgestattet wären. Da könnte man die Menschen ja gleich klonen! Vor Gott ist nicht wichtig, *wie viel und was* Sie bekommen haben, sondern *wie* Sie die Ihnen anvertrauten Gaben einsetzen. Wir werden nicht alle an ein und derselben Schablone gemessen, sondern sind nur für das verantwortlich, was uns gegeben wurde.

Auch im Dunkel leuchtet ein Licht

Jede Mutter trägt Lasten. Ob Krankheiten oder Schulprobleme, Ehekrisen oder Drogensucht – jederzeit kann etwas das Familienglück trüben, denn leider leben wir noch nicht im Paradies. Und Gott verheißt uns auch nicht ein schmerzfreies Leben. Über die Jahrzehnte hinweg erlebt jede Familie unweigerlich ihren Anteil an Kummer und Schmerz.

Ich werde wohl nie den Moment vergessen, als ich Philip, unseren dritten Sohn, aus der Wiege heben wollte, in der er so eigenartig still dalag. *Atmet er noch?*, durchfuhr mich ein schrecklicher Gedanke wie ein Blitz. Und mein Verdacht war nur zu wahr: Unser kleiner Liebling wurde im Alter von 4 Monaten durch den plötzlichen Kindstod aus unserer Familie gerissen. Damals schrieb ich in mein Tagebuch: „Schon sind vier Tage vergangen, seitdem ich unseren Philip tot aus der Wiege hob. Nie mehr werde ich das schlaffe, kalte, bläuliche Körperchen vergessen können und das tiefe Erschrecken. Nie mehr werde ich ganz die Gleiche sein, sondern mit einem Weh im Herzen weiterleben.“

Heute, viele Jahre später, erscheint mir das alles wie ein böser Traum. Der bohrende Schmerz ist verklungen, und die Wunde ist vernarbt – aber mein Glaube und meine Lebenshaltung wurden verändert. Mein unbeschwertes Bild einer heilen Welt war für immer zerrissen, und es dauerte Jahre, bis ich diesen tiefen Verlust verarbeitet hatte. Ein plötzlicher Kindstod ist verbunden mit starken

Schuldgefühlen. Denn was ist das für eine Mutter, die ihr Kind unbeaufsichtigt sterben lässt? Sie hätte doch bemerken müssen, dass mit dem Kind etwas nicht stimmt, sie hätte häufiger nach ihm sehen müssen ...

Viele Jahre nach dem plötzlichen Tod unseres dritten Kindes schlug eine weitere Hiobsbotschaft wie ein *Déjà-vu* in unsere Familie ein. Ich merkte schon an der Stimme meines Sohnes, dass etwas Furchtbares geschehen war. Bei unserem geliebten Enkelkind, damals 6 Monate alt, war Augenkrebs diagnostiziert worden. Vier Jahre lang wurde mit allen Mitteln der modernen Medizin um das Leben und nachher um das Auge des kleinen Mädchens gekämpft. Heute, zwei Chemotherapien und über 60 Kurznarkosen später, ist sie gesund. Sie ist eine aufgeweckte Drittklässlerin, spielt gerne mit ihren Freundinnen, darf auf einem Bauernhof im Dorf zum Reiten gehen und kümmert sich rührend um den kleinen Bruder (wenn sie nicht gerade mit ihm streitet). Trotz allem ist sie zu einem gesunden und selbstbewussten Mädchen herangewachsen und für uns alle ein sehr kostbares Kind.

Während dieser kräftezehrenden Zeiten trug mich ein Vers aus der Bibel durch die vielen verschiedenen Gefühlswogen: „Musst du durchs Wasser gehen, so bin ich bei dir; auch in reißenden Strömen wirst du nicht ertrinken. Musst du durchs Feuer gehen, so bleibst du unversehrt; keine Flamme wird dir etwas anhaben können. Denn ich bin der Herr, dein Gott. Ich, der Heilige Israels, bin dein Retter."[53]

Leider bewahrt uns Gott nicht vor Schwierigkeiten. Trotzdem gilt diese Verheißung auch heute noch: Ob ich nur bis zu den Knöcheln durchs Wasser gehe oder ob es mir gar bis zum Hals steigt, er lässt mich nicht allein. Vielleicht muss ich unverständlich lange gegen die Wogen ankämpfen, aber er wird mich vor dem Versinken bewahren.

---

53 Jesaja 43,2-3 (GN).

Ich bin realistisch geworden, indem ich gelernt habe, dass Freud und Leid ein natürlicher Teil unseres Lebens sind. Ich bin dankbar für jeden guten Tag, den wir genießen können, aber ich verzweifle und erschrecke nicht, wenn dazwischen auch mal dunkle Tage stehen. Damals, in jenen bitteren Stunden des Leides, als wir von unserem Kind so früh und endgültig Abschied nehmen mussten, habe ich erfahren, dass Gott mich durchträgt. In jenen Tagen der Trauer schrieb ich das folgende Gebet in mein Tagebuch:

„Ich vertraue dir meinen kleinen Liebling an.

Wie gerne würde ich mit Philip in der warmen Frühlingssonne sitzen, ihn lieben, seine Flaumhärchen streicheln, ihn stillen ... Doch ich gebe ihn dir und vertraue, dass du, Herr, die Lücke füllst und Salbe auf meine Wunde streichst.

Du, Herr, bist mein Trost und du bist mir näher denn je."

Mutter zu sein, ist ein Weg durch Hell und Dunkel, Freude und Leid, Schuld und Vergebung. Wir müssen Abschied nehmen von Wünschen und Vorstellungen, aber wir lernen auch viel Neues. Das Begleiten von Kindern feilt an unserem Charakter, erzeugt Emotionen und braucht viel Kraft. Aber sie bereichern unser Leben, halten uns flexibel, und so möchten wir sie trotz allem nicht missen. Wie in keinem anderen Lebensbereich können wir als Mutter Spuren der Liebe hinterlassen, die viele Jahre nachklingen werden.

Aus folgenden Bibelübersetzungen wurde zitiert:
Gute Nachricht Bibel, revidierte Fassung, durchgesehene Ausgabe,
© 2000 Deutsche Bibelgesellschaft, Stuttgart.
Lutherbibel, revidierter Text 1984, durchgesehene Ausgabe,
© 1999 Deutsche Bibelgesellschaft, Stuttgart.

© 2018 Gerth Medien GmbH, Dillerberg 1, 35614 Asslar

1. Auflage 2018
Bestell-Nr. 817474
ISBN 978-3-95734-474-8

Umschlagfoto: Alena Ozerova / Shutterstock
Umschlaggestaltung: spoon design, Olaf Johannson
Satz und Gestaltung: Greiner & Reichel, Köln
Druck und Verarbeitung: GGP Media GmbH, Pößneck
Printed in Germany

www.lydia.net